Lösungen

Biosphäre 9
Sachsen

Cornelsen

Biosphäre

Band 9 Gymnasium Sachsen
Lösungen

Herausgeber: Dr. Axel Goldberg, Leipzig

Autorinnen und Autoren:
Dr. Axel Goldberg, Leipzig; Yvonne Hübner, Borna; Daniela Jatzwauk, Ralbitz-Rosenthal

Berater:
Michael Riethmüller, Leipzig

Teile dieses Buches sind anderen Ausgaben der Lehrwerksreihe Biosphäre entnommen.

Autorinnen und Autoren dieser Ausgaben:
Astrid Agster; Stefan Auerbach; Dr. Werner Bils; Anke Brennecke; Jens Bussen; Frank Deutschmann; Anne-Kathrin Dierschke; Robert Felch; Beate Fleischer; Simone Grimm; Dr. Jorge Groß; Franziska Hach; Angelika Huber; Dr. Horst Janz; Dr. Wolfhard Koth-Hohmann; Katja Kühl; Prof. Dr. Hansjörg Küster; Raimund Leibold; Dr. Karl-Wilhelm Leienbach; André Linnert; Prof. Dr. Anke Meisert; Martin Post; Gabriele Rupp; Dr. Ulrike Schiek; Annegret Schlegel; Daniela Schmidt; Dr. Stephanie Schrank; Dr. Annette Schuck; Hans-Jürgen Staudenmaier; Andre Stein; Dr. Matthias Stoll; Michael Szabados; Grytha Wiechmann; Dr. Hans-Joachim Winkhardt

Redaktion:
Christina Utermann, Luisa Hetmann

Designberatung:
Katharina Wolff-Steininger

Umschlaggestaltung:
SOFAROBOTNIK GbR, Augsburg & München

Technische Umsetzung:
zweiband.media, Berlin

Grafik:
Karin Mall, Berlin; Tom Menzel, Klingberg; Werner Wildermuth, Würzburg

www.cornelsen.de

1. Auflage, 1. Druck 2017

Alle Drucke dieser Auflage sind inhaltlich unverändert und können im Unterricht nebeneinander verwendet werden.

© 2017 Cornelsen Verlag GmbH, Berlin

Das Werk und seine Teile sind urheberrechtlich geschützt. Jede Nutzung in anderen als den gesetzlich zugelassenen Fällen bedarf der vorherigen schriftlichen Einwilligung des Verlages.
Hinweis zu den §§ 46, 52a UrhG: Weder das Werk noch seine Teile dürfen ohne eine solche Einwilligung eingescannt und in ein Netzwerk eingestellt oder sonst öffentlich zugänglich gemacht werden.
Dies gilt auch für Intranets von Schulen und sonstigen Bildungseinrichtungen.

Druck: Bosch-Druck GmbH

ISBN 978-3-06-420172-9

PEFC zertifiziert
Dieses Produkt stammt aus nachhaltig bewirtschafteten Wäldern und kontrollierten Quellen.
www.pefc.de

INHALTSVERZEICHNIS

Phänomene der Pflanzenwelt — 4

1 Anatomie der Samenpflanzen
- Vielfalt im Pflanzenreich 4
- Bau und Funktion der Blüte 4
- Bau und Funktion der Wurzel 5
- Wasseraufnahme durch die Wurzeln 6
- PRAKTIKUM Mikroskopie der Plasmolyse — 7
- Bau und Funktion der Sprossachse 8
- Bau und Funktion des Laubblattes 9

2 Energie- und Stoffkreisläufe in Pflanzen
- Fotosynthese 11
- Zellatmung 15
- IM BLICKPUNKT PHYSIK Energie — 15
- Pflanzen und Tiere sind aufeinander angewiesen 16

Zusammenhänge in Ökosystemen — 19

1 Einführung in die Ökologie
- Das Ökosystem – mehr als ein Lebensraum 19

2 Abiotische Umweltfaktoren
- Umweltfaktor Licht 19
- Umweltfaktor Wasser 21
- Umweltfaktor Temperatur 23

3 Biotische Umweltfaktoren
- Interspezifische Beziehungen 24
- Intraspezifische Beziehungen 26

4 Ökosystem See
- Zonierung eines Sees 28
- Der See im Jahresverlauf 30
- Energiefluss und Stoffkreisläufe im See 31
- Gefährdung des Ökosystems See 34
- IM BLICKPUNKT GEOGRAFIE Moorbildung — 34

Wahlpflichtbereiche — 36

1 Mikrokosmos Wiese
- Pflanzen im Lebensraum Rasen 36
- Rasen – Wiese – Weide 37
- METHODE Untersuchungen auf dem Rasen — 40

2 Vielfalt und Nutzen der Pilze
- Mannigfaltigkeit der Pilze 42
- Von der Gerste zum Bier 43

Phänomene der Pflanzenwelt

1 Anatomie der Samenpflanzen

Vielfalt im Pflanzenreich

Seite 11 (Material)

Material A – Pflanzengruppen

A1 Ordne die abgebildeten Pflanzen den Nummern in der Grafik zu!
1 = Sparriger Runzelpeter
2 = Hirschzunge
3 = Gemeine Fichte
4 = Maiglöckchen
5 = Gewöhnlicher Gundermann

A2 Begründe deine Zuordnung anhand der Pflanzenmerkmale!
1 = Sparriger Runzelpeter: dünne Stämmchen, zarte Blättchen, wächst in Moospolster
2 = Hirschzunge: keine Blüte, große Laubblätter, wächst im Wald
3 = Gemeine Fichte: zapfenförmige Blüte
4 = Maiglöckchen: auffällige Blüte, parallele Blattadern
5 = Gewöhnlicher Gundermann: auffällige Blüte, netzartige Blattadern
Hinweis: Hier werden nur Merkmale berücksichtigt, die auf den Fotos erkennbar sind.

A3 Erläutere den Unterschied zwischen Nacktsamer und Bedecktsamer!
Der entscheidende Unterschied zwischen Nacktsamern und Bedecktsamern besteht in der Lage der Samenanlagen in der Blüte. Bei Nacktsamern liegen die Samenanlagen nicht in einem Fruchtknoten eingeschlossen, sondern frei auf den Fruchtblättern der oft zapfenförmigen Blüten. Bei den Bedecktsamern sind die Samenanlagen in einem Fruchtknoten am Blütengrund eingeschlossen.
Zusatzinformation: Der Fruchtknoten (und andere Blütenteile, falls sie an der Fruchtbildung beteiligt sind) entwickelt sich nach der Befruchtung der Samenanlagen zur Frucht. Daher bilden nur Bedecktsamer Früchte aus.

A4 Begründe die Zuordnung von Samenpflanzen zu den Gefäßpflanzen!
Die Gefäßpflanzen zeichnen sich dadurch aus, dass ihre Wurzeln, Sprossachsen, Laubblätter und ggf. Blütenblätter von Leitbündeln durchzogen werden. Namensgebend sind die wasserleitenden Gefäße. Samenpflanzen haben Leitbündel und gehören somit zu den Gefäßpflanzen.

A5 Stelle Vermutungen an zur Entwicklung von Pflanzen im Laufe der Erdgeschichte!
Moose sind sehr einfach aufgebaut, Farne und Samenpflanzen besitzen dagegen sehr spezialisierte Organe und Gewebe. Moose sind an feuchte Standorte gebunden und nehmen Wasser über ihre Oberfläche auf. Farne wachsen ebenfalls hauptsächlich an feuchten Standorten, nehmen aber über ihre Wurzeln Wasser aus dem Boden auf. Samenpflanzen kommen an feuchten und an trockenen Standorten vor und weisen vielfältige Angepasstheiten an ihre Lebensräume auf. Diese Vergleiche lassen darauf schließen, dass die ursprünglichsten Pflanzen im und am Wasser lebten und sich das Pflanzenreich erst im späteren Verlauf der Evolution an Land ausbreitete.
Zusatzinformationen: Man vermutet, dass die Landpflanzen (Moose, Farne, Samenpflanzen) auf einen gemeinsamen Vorfahren aus der Gruppe der Armleuchteralgen zurückgehen. Die ältesten Sporenfunde, die den Landpflanzen zugeordnet werden können, sind etwa 470 Mio. Jahre alt. Man nimmt an, dass sie von lebermoosartigen Pflanzen stammen. Auch morphologische und molekularbiologische Befunde unterstützen die Vermutung, dass die Gruppe der Moose die älteste Entwicklungslinie der Landpflanzen bildet (Quelle: Reece et. al., (2016). Campbell Biologie, 10. Auflage, S. 802–809).

Bau und Funktion der Blüte

Seite 12–13

1 Nenne die Blütenteile zwittriger Samenpflanzen und beschreibe ihre Funktionen!
Kronblätter: Schutz der inneren Blütenteile, Anlockung von Insekten durch Färbung und/oder Gestalt
Kelchblätter: Schutz der geschlossenen Blütenknospen
Staubblätter: Bildung der männlichen Geschlechtszellen (Pollen) in den Staubbeuteln
Fruchtblätter: Träger der weiblichen Geschlechtszellen (Samenanlagen mit Eizellen); bei den Nacktsamern liegen die Samenanlagen frei auf den Fruchtblättern, bei den Bedecktsamern im Fruchtknoten; Ausbildung der zur Bestäubung dienenden Narbe
Hinweis: Die Anlockung von Bestäubern durch die Gestalt der Kronblätter (bzw. der gesamten Blüte) kann am Fliegen-Ragwurz auf Seite 16 gezeigt werden.

2 Erläutere die Begriffe zwittrig, getrenntgeschlechtlich, einhäusig, zweihäusig!
Bei den Samenpflanzen unterscheidet man verschiedene Blütengeschlechter. *Zwittrige* Blüten tragen Staubblätter und Fruchtblätter und bilden sowohl Pollen als auch Samenanlagen. Bei *getrenntgeschlechtlichen* Pflanzen bildet

jede Blüte nur ein Geschlecht aus: Männliche Blüten tragen nur Staubblätter, weibliche nur Fruchtblätter. *Einhäusige* Pflanzen tragen sowohl männliche als auch weibliche Blüten. Bei *zweihäusigen* Pflanzen liegen die männlichen und weiblichen Blüten auf verschiedenen Pflanzen, es gibt männliche und weibliche Pflanzen.

Seite 14

1 Nenne Angepasstheiten von Blüten an ihre Bestäubungsarten!
Insektenbestäubte Blüten: Blüten oft farblich auffällig und groß, locken durch Duft und Nektar an
Windbestäubte Blüten: bilden große Mengen kleiner Pollen, weibliche Blüten haben besonders klebrige Narbe

2 Erkläre Mechanismus, der die Selbstbestäubung beim Wiesensalbei verhindert!
Die Selbstbestäubung wird beim Wiesensalbei dadurch verhindert, dass in jeder Blüte entweder die Staubblätter oder die Fruchtblätter reif sind. Bei jungen Pflanzen ist die Narbe noch geschlossen. Kriecht eine Honigbiene in die Blüte, um an den Nektar im Blütengrund zu gelangen, senken sich die Staubbeutel herab und der Pollen bleibt am Rücken der Honigbiene haften. Da die Narbe geschlossen ist, wird die junge Blüte dabei nicht von ihrem eigenen Pollen bestäubt. Bei einer alten Blüte ist die Narbe geöffnet. Fliegt eine pollentragende Honigbiene eine alte Blüte an, kann sie diese mit dem Pollen der jungen Blüte bestäuben. Bei der alten Blüte sind hingegen die Staubblätter vertrocknet. Dadurch wird auch die Selbstbestäubung der alten Blüte verhindert.
Zusatzinformation: Beim Wiesensalbei befinden sich die Nektardrüsen tief im Blütengrund. Will eine Honigbiene mit ihrem Saugrüssel an den Nektar gelangen, muss sie sich auf die Unterlippe des Lippenblütengewächses setzen und eine Platte nach hinten drücken. Durch diesen Mechanismus beugen sich die langen Staubblätter nach unten, sodass der Pollen auf dem behaarten Rücken der Biene abgestreift wird.

Bau und Funktion der Wurzel

Seite 16 (Material)

Material A – Blütenformen bei zwittrigen Pflanzen

A1 Ordne die abgebildeten Blüten den Blütendiagrammen zu! Begründe deine Zuordnung!
Weidenröschen = Nachtkerzengewächse: vier Kelchblätter und vier Kronblätter
Fliegen-Ragwurz = Orchideengewächse: Kelch- und Kronblätter zu Perigon verwachsen
Seifenkraut = Nelkengewächse: fünf Kronblätter
Venus-Frauenspiegel = Glockenblumengewächse: fünf verwachsene Kronblätter
Hinweis: Hier werden nur Merkmale berücksichtigt, die auf den Fotos erkennbar sind.

Material B – Pflanzengeschlechter

B1 Ordne den Pflanzen ihre Blütengeschlechter zu und begründe deine Entscheidung!
Haselnuss = getrenntgeschlechtlich einhäusig: Der Zweig trägt sowohl eine weibliche als auch eine männliche Blüte.
Kriechender Hahnenfuß = zwittrig: Die Blüte trägt sowohl Staubblätter als auch Fruchtblätter.
Katzenpfötchen = getrenntgeschlechtlich zweihäusig: Männliche und weibliche Blüten liegen auf verschiedenen Pflanzen, es gibt männliche und weibliche Pflanzen.

B2 Erkläre die zeitlich versetzte Reifung der Staub- und Fruchtblätter bei der Haselnuss!
Die Haselnuss ist getrenntgeschlechtlich einhäusig, jeder Strauch trägt also sowohl weibliche als auch männliche Blüten. Wären die Staubblätter und Fruchtblätter gleichzeitig reif, wäre die Wahrscheinlichkeit der Selbstbestäubung sehr groß. Da die Nachkommen selbstbestäubter Pflanzen in der Regel weniger überlebensfähig sind, wäre dies nicht vorteilhaft für die Pflanze.
Zusatzinformation: Im Laufe der Evolution haben sich die Pflanzen stärker vermehrt, die sich aufgrund der unterschiedlichen Reifung ihrer geschlechtlichen Blütenteile durch Fremdbestäubung fortpflanzten.

B3 Beim Katzenpfötchen erfolgt die Reifung der Staub- und Fruchtblätter gleichzeitig. Begründe!
Das Katzenpfötchen ist getrenntgeschlechtlich zweihäusig, männliche und weibliche Blüten liegen also auf verschiedenen Pflanzen. Eine Pflanze kann sich somit nicht selbstbestäuben. Zudem ist die gleichzeitige Reifung notwendig, damit die Fremdbestäubung möglich ist.

Seite 21 (Material)

Versuch A – Wurzelentwicklung

A1 Beschreibe deine Beobachtungen innerhalb der nächsten vier Tage!
individuelle Schülerlösung
Hinweis: In den ersten zwei Tagen dürften sich die Keimlinge gleich entwickeln. Voraussetzung dafür ist, dass das Filterpapier, auf dem die Samen aufgebracht wurden, ausreichend saugfähig ist. Es ist auch möglich, dass die Keimlinge der unteren Linie am zweiten Tag längere Wurzeln aufweisen als die Keimlinge der oberen Linie. Ab dem dritten oder vierten Tag sollten die Keimlinge der oberen Linie längere Wurzeln in Richtung der Wasserquelle entwickeln. Ist das Filterpapier nicht genügend saugfähig, kann es passieren, dass die Keimlinge der oberen Linie vertrocknen und nur die Keimlinge der unteren Linie ausreichend lange Wurzeln bilden. Auch dies ist ein zulässiges Beobachtungsergebnis, das ausgewertet und in Hinblick auf eine Fehlerbetrachtung diskutiert werden kann.

A2 Vergleiche nach 4 Tagen die Entwicklung der Kressekeimlinge an der oberen und unteren Markierungslinie!
individuelle Schülerlösung
Hinweis: Ist der Versuch optimal verlaufen, sollten die Keimlinge der oberen Linie längere Wurzeln entwickelt haben als die Keimlinge der unteren Linie. Auch die Entwicklung der Keimblätter dürfte an der oberen Linie weiter vorangeschritten sein. In Abhängigkeit vom Versuchsablauf können die Vergleiche unterschiedlich ausfallen. Dann kann diskutiert werden, was im Versuch verändert werden sollte.

A3 Deute deine Ergebnisse!
individuelle Schülerlösung
Hinweise: Auch die Deutung kann abhängig vom Versuchsablauf unterschiedliche ausfallen. Bei optimalem Versuchsablauf wachsen die Wurzeln der Keimlinge an der unteren Linie nicht mehr so stark, sobald sie das Wasser erreicht haben. Da die Wurzeln der Keimlinge an der oberen Linie auch nach zwei bis vier Tagen nicht das Wasser erreicht haben dürften, setzt sich das Wurzelwachstum länger fort und die Wurzeln werden länger, als die der Kressekeimlinge an der unteren Linie.

Material B – Oberflächenvergrößerung

B1 Berechne die Oberfläche der drei Körper! Gehe dabei davon aus, dass die Kantenlänge des Würfels einen Zentimeter beträgt!
A 38 cm2, B 32 cm2, C 50 cm2

B2 Erläutere das Verhältnis zwischen Form und Oberfläche eines Körpers!
Je stärker der Körper gegliedert ist, desto größer ist seine Oberfläche.

B3 Vergleiche das Modell mit dem Bau der Pflanzenwurzel und erkläre den Zusammenhang zwischen Struktur und Funktion der Pflanzenwurzel!
Das Modell lässt sich auf den Bau der Pflanzenwurzel übertragen. Die Oberfläche vergrößert sich, wenn ein Körper stärker gegliedert oder verzweigt ist. Pflanzenwurzeln entsprechen in ihrem Aufbau am ehesten dem Körper C. Die Rhizodermis der Pflanzenwurzel ist durch die Wurzelhaare stark vergrößert. Dadurch kann mehr Wasser mit gelösten Mineralstoffen aufgenommen werden. Dieser Zusammenhang wird durch das Prinzip der Oberflächenvergrößerung beschrieben.

Wasseraufnahme durch die Wurzeln

Seite 24–26

1 Beschreibe die Prozesse Diffusion und Osmose!
Diffusion: Gibt man verschiedene Stoffe wie Wasser und Zucker zusammen, verteilen sich ihre Teilchen ganz von allein gleichmäßig, bis die Stoffe vollständig durchmischt sind. Das liegt daran, dass sich alle Teilchen ständig bewegen. Dabei bewegen sich die Teilchen eines Stoffes von dem Ort, an dem sie in hoher Konzentration vorhanden sind, zu dem Ort, an dem ihre Konzentration niedriger ist. Dadurch kommt es zur Durchmischung.
Osmose: Sind verschiedene Stoffe durch eine Membran voneinander getrennt, die nur für Teilchen bis zu einer gewissen Größe durchlässig ist, können sich nur die Teilchen zum Ort ihrer geringeren Konzentration bewegen, die die Membran passieren können. Da die Membran nur für bestimmte Teilchen durchlässig ist, bezeichnet man sie als halbdurchlässig oder semipermeabel. Osmose definiert man als Diffusion durch eine semipermeable Membran.

2 Erläutere den Begriff semipermeabel!
Der Begriff *semipermeabel* beschreibt die Eigenschaft einer Membran, nur für bestimmte Teilchen durchlässig zu sein. In der Regel kann Wasser eine semipermeable Membran passieren, darin gelöste Zucker- oder Salzteilchen aber nicht.

3 Beschreibe die Aufnahme und Weiterleitung von Wasser in Pflanzenwurzeln!
Die Aufnahme und Weiterleitung von Wasser in Pflanzenwurzeln erfolgt durch Diffusion und Osmose. Pflanzenzellen enthalten viele gelöste Stoffe wie Mineralstoffe und Zucker. Im Boden ist dagegen die Konzentration der Wasserteilchen höher. Da das Zellplasma und die Vakuole durch semipermeable Zellmembranen vom Boden getrennt sind, strömt das Wasser aus dem Boden durch Osmose in die Rhizodermiszellen ein. Zusätzlich diffundiert das Wasser in die Zellwände der Rhizodermis.
Innerhalb der Wurzel herrscht ein Konzentrationsunterschied: die Konzentration gelöster Stoffe ist im Zentralzylinder größer als in der Rhizodermis. Daher strömt das Wasser von außen nach innen. Dabei diffundiert es zum einen durch die Zellwände, ohne die Zellen zu passieren. Zum anderen fließt es durch die Zellen hindurch. Zwischen den Zellen erfolgt die Wasserleitung mittels Osmose durch die semipermeablen Zellmembranen hindurch. Innerhalb jeder Zelle erfolgt der Wassertransport durch Diffusion. An der Endodermis muss das Wasser die Zellen durch Osmose passieren, da die seitlichen Zellwände verdickt und wasserundurchlässig sind. Von der Endodermis strömt das Wasser durch Osmose in den Zentralzylinder. Von dort gelangt es durch die Sprossachse in die oberen Pflanzenteile.

Seite 28 (Material)

Material A – Geplatzte Kirschen

A1 Erkläre das Aufplatzen hochreifer Kirschen nach einem anhaltendem Regenguss!
Hochreife Kirschen enthalten viele gelöste Zuckerteilchen. Diese können nicht aus den Kirschen nach außen diffundieren, da die Zellmembran semipermeabel ist und die Zuckerteilchen zu groß sind, um sie zu passieren. Bei

Regen wird das Wasser durch Osmose in die Zellen der Kirsche aufgenommen. Dies ist durch den Konzentrationsunterschied zwischen dem Zucker in den Kirschen und dem Wasser außerhalb der Kirschen begründet. Dadurch steigt der Druck in den Kirschen so stark an, dass sie aufplatzen.

 Gestufte Hilfe: Das Fruchtfleisch von Kirschen enthält Zucker.

A2 Stelle diese Erscheinung den Beobachtungen bei unreifen Kirschen gegenüber!
Nur wenn die Kirschen sehr reif sind, enthalten sie eine hohe Anzahl gelöster Zuckerteilchen. Dies führt dazu, dass viele Wasserteilchen in die Vakuolen der Zellen einströmen. Die Folge ist, dass der Druck von innen so stark ansteigt, dass die Kirschen platzen.

Material B – Rote Bete

B1 Beschreibe die Ergebnisse der in den beiden Abbildungen dargestellten Versuche!
In *Abbildung A* ist keine Veränderung zu erkennen, in *Abbildung B* hat sich das Wasser rot gefärbt.

B2 Erkläre die Ergebnisse der beiden Versuche!
In *Abbildung A* geschieht nichts. Die Membranen der Zellen verhindern, dass Farbstoffteilchen in das Wasser diffundieren. In *Abbildung B* färbt sich das siedende Wasser rot. Also müssen Farbstoffteilchen aus der Roten Bete in das Wasser gelangt sein. Bei kaltem Wasser können die Teilchen die Membranen nicht passieren. Die Rotfärbung ist somit durch eine Zerstörung der Membranen durch das siedende Wasser zu erklären.

Material C – Hühnerei

C1 Ordne die Abbildungen den Zeitpunkten vor und nach der Behandlung mit destilliertem Wasser zu! Begründe deine Antwort!
Die im Hühnerei gelösten Teilchen verursachen, dass Wasserteilchen durch die Zellmembranen in die Zellen des Eies diffundieren. Durch die Wasseraufnahme wird das Ei schwerer. Demnach zeigt Abbildung A das Ei vor der Behandlung mit destilliertem Wasser und Abbildung B danach.

C2 Formuliere eine Hypothese über das Versuchsergebnis bei einem Hühnerei mit Schale!
Die Eierschale besteht aus Kalk und ist keine Membran. Sie schützt das Ei davor, bei Feuchtigkeit aufzuquellen. Gründe für die Entfernung der Eierschale vor dem Versuch könnten sein:
– Die Eierschale lässt kein Wasser durch.
– Eine Ausdehnung des Eies ist wegen der Kalkschale nicht möglich.
– Bei Ausdehnung wird das Ei zerstört.

C3 Vermute ein Versuchsergebnis für die Behandlung eines Eies ohne Schale mit Salzlösung!
In diesem Fall würden die unter C1 genannten Vorgänge in umgekehrter Richtung ablaufen: Wasser würde aus dem Ei heraus diffundieren und das Ei würde schrumpfen. Auf der Waage wäre eine Gewichtsabnahme zu beobachten.

Seite 29 (Praktikum)

Praktikum – Mikroskopie der Plasmolyse

a Beobachte die Zwiebelschuppe vor, während und nach dem Durchziehen der Salzlösung!
praktische Aufgabe

b Beschreibe deine Beobachtung!
Zu erwarten ist folgende Beobachtung: Vor der Plasmolyse füllt die Vakuole nahezu die gesamte Zelle aus. Da sie rote Farbstoffteilchen enthält, erscheint die Pflanzenzelle unter dem Mikroskop rot. Während die Salzlösung durchgezogen wird, verkleinert sich die Vakuole und die Zellmembran löst sich langsam von der Zellwand. Je länger man wartet, desto mehr schrumpft die Vakuole. Nach einiger Zeit ist die Vakuole stark verkleinert und die Zellmembran haftet nur noch an einigen Stellen fadenförmig an der Zellwand.

c Fertige mikroskopische Zeichnungen von je drei Zwiebelschuppenzellen vor, zu Beginn und am Ende der Einwirkung von Salzlösung!

vor der Plasmolyse

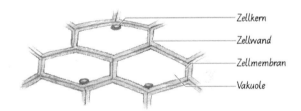

zu Beginn der Plasmolyse

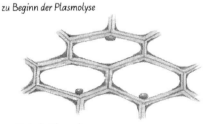

am Ende der Plasmolyse

d Erkläre die an den Zellen sichtbaren Vorgänge! Nimm Abbildung 04 auf Seite 25 zu Hilfe!

Die Vorgänge sind mit der Osmose zu erklären. Die Vakuole und das Zellplasma enthalten gelöste Teilchen und Wasserteilchen. Die Salzlösung enthält Wasserteilchen und gelöste Salzteilchen. Im Vergleich zur Vakuole und zum Zellplasma ist die Konzentration der gelösten Teilchen in der Salzlösung größer und die Konzentration der Wasserteilchen geringer. Da die Membran der Vakuole und die Zellmembran semipermeabel sind, gelangen gelöste Teilchen weder in die Zelle hinein noch aus der Zelle heraus, Wasserteilchen können die Membranen hingegen passieren. Da in der Salzlösung weniger Wasserteilchen vorhanden sind als in der Zelle, wird dem Zellplasma und der Vakuole Wasser entzogen. Dadurch schrumpft die Vakuole und die Zellmembran löst sich von der Zellwand.
Hinweis: Das Schema in der Abbildung 04 auf Seite 25 zeigt den umgekehrte Prozess, die Deplasmolyse.

e Im Verlauf der Plasmolyse erkennt man, dass die Farbintensität des Zellsaftes in der Vakuole zunimmt. Erkläre diese Erscheinung!

Da der Vakuole im Verlauf der Plasmolyse Wasser entzogen wird, steigt die Konzentration der Farbstoffteilchen. Liegt der Farbstoff weniger verdünnt vor, nimmt die Farbintensität des Zellsaftes in der Vakuole zu.

f Salatsoße enthält meist Salz und Zucker. Liegt Salat länger in Salatsoße, ist er nicht mehr so knackig. Erkläre dieses Alltagsphänomen!

Das Alltagsphänomen lässt sich mit der Plasmolyse erklären. In der Salatsoße ist die Konzentration der Salz- und Zuckerteilchen höher und die Konzentration der Wasserteilchen geringer als in den Zellen des Salates. Daher wird dem Salat durch Osmose Wasser entzogen und er ist nach einiger Zeit nicht mehr so knackig.

Bau und Funktion der Sprossachse

Seite 30–32

1 Beschreibe in Form einer Tabelle die Struktur der Sprossachsengewebe sowie deren Funktion!

Gewebe	Struktur	Funktion
Kutikula	wachshaltige Schicht über der Epidermis	Schutz
Epidermis	fest, fast wasserundurchlässig	Abschlussgewebe, Schutz der inneren Gewebe
Rinde	–	Festigung, Nährstoffspeicherung
Mark	–	Nährstoffspeicherung
Leitbündel: Gefäße	lange Röhren aus toten Zellen ohne Querwände	Wassertransport aus der Wurzel in die oberen Pflanzenteile
Leitbündel: Siebröhren	über durchlöcherte Querwände verbundene Zellen	Transport von Nährstoffen aus den Blättern in die Speicherorgane und Früchte
Festigungsgewebe	dickwandige Zellen an den Leitbündeln	Stabilisierung der Sprossachse
Bildungsgewebe (nur bei Zweikeimblättrigen)	kompakte Schicht teilungsfähiger Zellen	ständige Zellteilung, Abgabe von Zellen nach innen und außen führt zu Dickenwachstum

2 Vergleiche die Sprossachsenquerschnitte von ein- und zweikeimblättrigen Pflanzen!

In den Sprossachsen der Ein- und Zweikeimblättrigen findet man folgende Gewebe: Epidermis (evtl. mit Kutikula), Rinde, Mark, Leitbündel (Gefäße und Siebröhren) mit Festigungsgewebe. Die Sprossachsen der Zweikeimblättrigen haben zudem ein Bildungsgewebe, das ringförmig im Mark verläuft und in den Leitbündeln zwischen Siebteil und Holzteil liegt. Die Rinde der Zweikeimblättrigen ist stärker ausgeprägt, als die der Einkeimblättrigen. Die Sprossachsen der Einkeimblättrigen sind hingegen mehr mit Mark gefüllt. Auffällig ist die unterschiedliche Anordnung der Leitbündel. Bei den Einkeimblättrigen sind diese ringförmig angeordnet, bei den Zweikeimblättrigen sind sie ungeordnet im gesamten Mark verteilt.

3 Erkläre den kontinuierlichen Wasserstrom in den Leitbündeln!

Bei dem Wassertransport wirken drei Prinzipien zusammen. 1. Durch die Wasseraufnahme in den Zentralzylinder der Wurzel entsteht ein *Wurzeldruck*, der das Wasser in die Gefäße der Leitbündel presst. 2. In den röhrenförmigen Gefäßen entsteht eine *Kapillarwirkung*, bei der durch Kohäsion (Anziehungskräfte zwischen Wasserteilchen) und Adhäsion (Anziehungskräfte zwischen Wasserteilchen und Gefäßwand) ein kontinuierlicher Wasserstrom entsteht. 3. Die Transpiration der Blätter führt zu Wasserverlust. Dieser *Transpirationssog* bewirkt, dass das Wasser durch die Sprossachse in Richtung Blätter gezogen wird.

Seite 33 (Material)

Material A – Sprossachsenquerschnitte

A1 Benenne die nummerierten Strukturen in Abbildung A! Suche die Strukturen auch in Abbildung B!
1 = Gefäße
2 = Siebröhren
3 = Mark
4 = Rinde
5 = Epidermis

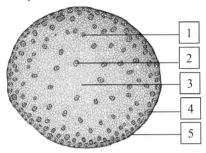

A2 Vergleiche die beiden Sprossachsenquerschnitte und nenne die wesentlichen Unterschiede!
Die Rinde des Europäischen Pfeifenstrauches ist stärker ausgeprägt als die des Mais. Die Sprossachse des Mais ist dagegen fast vollständig mit Mark gefüllt. Auffällig ist die unterschiedliche Anordnung der Leitbündel. Beim Europäischen Pfeifenstrauch sind sie ringförmig angeordnet, beim Mais sind sie ungeordnet im gesamten Mark verteilt. Zudem besitzt der Europäische Pfeifenstrauch wenige große Leitbündel. Der Mais hat dagegen sehr viele Leitbündel, die deutlich kleiner sind.

A3 Ordne begründet die Pflanzenarten anhand ihrer Sprossachsen den Einkeimblättrigen und Zweikeimblättrigen zu!
A Europäischer Pfeifenstrauch = Zweikeimblättrige: Leitbündel ringförmig angeordnet, Rinde ausgeprägt
B Mais = Einkeimblättrige: Leitbündel ungeordnet und im gesamten Mark verteilt, Rinde kaum ausgeprägt, Mark füllt Großteil der Sprossachse
Hinweis: Hier werden nur Merkmale berücksichtigt, die auf den Fotos erkennbar sind.

Material B – Gewebe der Wasserleitung

B1 Beschreibe deine Beobachtungen nach einigen Stunden, nach einem Tag, nach zwei Tagen!
individuelle Schülerlösung
Hinweis: Bereits nach einigen Stunden sollte Zweig 1 (nur Rinde) und Zweig 2 (nur Mark) welken. Der Wasserstand in den dazugehörigen Standzylindern dürfte sich nicht verändern. Zweig 3 (nur Holz) bleibt hingegen frisch, ebenso wie Zweig 4 (Kontrollansatz mit Rinde, Holz und Mark). Die Wasserstände der dazugehörigen Standzylinder sollten gleichermaßen sinken.

B2 Interpretiere deine Beobachtungen im Hinblick auf die Ausgangsfrage des Versuchs!
individuelle Schülerlösung
Hinweis: Bei optimalem Versuchsablauf zeigen die Beobachtungen, dass die Zweige welken, die nur noch mit Mark oder Rinde im Wasser stehen. Der Zweig, der nur mit dem Holz im Wasser steht, bleibt hingegen frisch. Dies zeigt, dass die Wasserleitung im Holzteil erfolgt.

Bau und Funktion des Laubblattes

Seite 34–36

1 Beschreibe in Form einer Tabelle die Struktur der Gewebeschichten eines Hainbuchenblattes sowie deren Funktion!

Gewebeschicht	Struktur	Funktion
obere Epidermis	lückenlose Zellschicht ohne Chloroplasten mit außenseitig aufgelagerter Cuticula	Schutz
Palisadengewebe	Schicht aus länglichen, chloroplastenreichen Zellen, wenige Zellzwischenräume	Hauptort der Fotosynthese
Schwammgewebe	Gewebe aus unregelmäßig angeordneten Zellen mit großen Zellzwischenräumen, Zellen enthalten wenige Chloroplasten	Gasaustausch, Fotosynthese (aber deutlich weniger als das Palisadengewebe)
untere Epidermis	lückenlose Zellschicht ohne Chloroplasten mit Spaltöffnungen	Schutz, Gasaustausch

2 Erläutere die Funktionsweise der Schließzellen mit dem Erschließungsfeld Struktur und Funktion!
Die Schließzellen sind lang gestreckt, liegen paarweise nebeneinander und sind nur an den Enden miteinander verbunden. Durch diese Struktur entsteht ein Spalt zwischen den Schließzellen, der sich öffnen und schließen kann. Zudem weisen die einzelnen Schließzellen zum Spalt hin verdickte Zellwände auf. Bei guter Wasserversorgung wölben sich die dünnen Zellwände der Außenseiten stärker als die verdickten Zellwände der Innenseiten. Hierdurch entsteht eine Krümmung der Zellen, die zu einer Öffnung des Spaltes führt. Die ungleiche Struktur der Zellwände ermöglicht somit die Öffnungsfunktion der Schließzellen.

3 Stelle Vermutungen an über die Entwicklung des Gasaustausches bei einer Pflanze an einem heißen, trockenen Sommertag!
An einem heißen, trockenen Sommertag verlieren Pflanzen durch die Transpiration mehr Wasser als sie aus dem Boden aufnehmen können. Nimmt der Wassergehalt in den Schließzellen ab, verlieren sie ihre Krümmung und gehen in eine gerade Form über. Dadurch schließt sich der Spalt zwischen ihnen. Bei Hitze sind die Spaltöffnungen

also geschlossen und die Pflanze verliert weniger Wasser. Gleichzeitig sinkt wegen der geschlossenen Spaltöffnungen aber auch der Gasaustausch der Pflanze.

Seite 37 (Material)

A1 Formuliere die Vermutung, die mit dem dargestellten Versuch überprüft werden kann!

Vermutung: Bei der Transpiration erfolgt die Wasserabgabe über die Blätter.

A2 Begründe das Ansetzen von drei Reagenzgläsern pro Versuchsansatz!

Es ist sinnvoll, für jeden Versuchsansatz mehrere Wiederholungen anzusetzen, da bei einzelnen Reagenzgläsern Fehler auftreten könnten. So könnten andere Ursachen als vermutet zum beobachteten Ergebnis führen. Nur mit mehreren Wiederholungen kann man sehen, ob sich in jedem Reagenzglas derselbe Effekt zeigt. So minimiert man die Fehlerwahrscheinlichkeit.

A3 Begründe die Zugabe einer dünnen Ölschicht in jedes Reagenzglas!

Die Ölschicht verhindert, dass das Wasser aus dem Reagenzglas verdunstet. Diese direkte Verdunstung würde als Störgröße das Ergebnis verfälschen.

A4 Beschreibe und deute das in der Versuchsskizze dargestellte Versuchsergebnis!

Beschreibung: Alle drei Reagenzgläser mit beblätterten Stängeln zeigen einen Wasserstand, der weniger als die Hälfte der ursprünglichen Befüllung beträgt. Die drei Reagenzgläser mit nicht beblätterten Stängeln weisen hingegen nahezu unveränderte Wasserstände auf.

Deutung: Das Experiment zeigt, dass nur bei Stängeln mit Blättern eine Wasserabgabe stattfindet, da der Wasserstand in den Reagenzgläsern sinkt. Tragen die Stängel keine Blätter, sinkt der Wasserstand kaum. Ohne Blätter wird demnach kein Wasser abgegeben. Das Experiment weist somit nach, dass die Wasserabgabe bei der Transpiration über die Blätter erfolgt.

Hinweis: An dieser Stelle kann die Anfertigung eines Protokolls nach Biosphäre Sachsen 7 (ISBN 978-3-06-420165-1, Seite 92 f.) wiederholt werden.

A5 Entwirf einen Versuchsaufbau, mit dem nachgewiesen werden kann, über welche Blattseite die Wasserdampfabgabe erfolgt! Hierfür stehen dir die Materialien des vorangegangenen Versuchsaufbaus und zusätzlich Tesafilm, Vaseline, Watte und Papier zur Verfügung! Hinweis: Es müssen nicht alle Materialien verwendet werden!

In drei Reagenzgläsern werden die Blattunterseiten von beblätterten Stängeln vollständig mit Vaseline bestrichen; in drei weitere werden die Blattoberseiten durch Vaseline abgedichteten. Wie im Ursprungsversuch wird die Entwicklung des Wasserstandes über mehrere Tage beobachtet und abschließend verglichen.

A6 Formuliere eine begründete Vorhersage für das Ergebnis des von dir geplanten Versuchs!

Vorhersage: Da es nur auf der Blattunterseite der Blätter Spaltöffnungen gibt, ist zu erwarten, dass der Wasserstand nur bei den Stängeln mit der Vaseline auf der Blattoberseite sinkt. Bei Abdichtung der Blattunterseite bleibt der Wasserstand durch die Verhinderung der Transpiration unverändert.

2 Energie- und Stoffkreisläufe in Pflanzen

Fotosynthese

Seite 40–42

1 Erstelle eine Concept-Map zur Fotosynthese! Nutze Seite 39 und auch die Begriffe Stoff- und Energieumwandlung!
siehe Abbildung unten

2 Pflanzen leben von Luft und Licht. Erläutere diese Aussage!
Pflanzen betreiben mit der Lichtenergie aus dem Sonnenlicht und dem Kohlenstoffdioxid aus der Luft Fotosynthese. Die durch Fotosynthese gebildete Glukose dient als Energieträger für verschiedene Lebensvorgänge und als Baustein für lebenswichtige Nährstoffe wie Proteine und Fette. Zudem benötigen Pflanzen zum Leben Wasser und Mineralstoffe.

Seite 43–45 (Material)

Material A – Entdeckung der Fotosynthese

A1 Beschreibe das Versuchsergebnis!
Bei einem Ausgangsgewicht von 2,5 Kilogramm wog die Weide nach fünf Jahren 84,5 Kilogramm.

VAN HELMONT stellte somit fest, dass die herangewachsene Weide in fünf Jahren 82 Kilogramm an Masse zugenommen hatte. Die Masse der Erde, in die das Weidenbäumchen eingepflanzt war, nahm um 60 Gramm ab.

A2 Begründe das Abdecken der Erde mit einer Metallplatte!
Durch die Abdeckung der Erde mit einer Metallplatte konnte VAN HELMONT verhindern, dass Erde oder ein anderes Material hinzukam oder abgetragen wurde. Dies würde die Angaben zur Masse der Erde verfälschen.
Weitere Vermutungen wären: Die Metallplatte verhindert das Umkippen des Blumenkübels. Die Metallplatte verhindert, dass Insekten oder andere Tiere in die Erde eindringen und das Versuchsergebnis verfälschen.

A3 Deute das Versuchsergebnis, wie es auch VAN HELMONT vermutlich getan hat!
Die Weide wurde während der fünf Jahre lediglich mit Regenwasser begossen. Die Masse der Erde reduzierte sich in dieser Zeit kaum.
VAN HELMONT schloss aus seinem Experiment, dass Pflanzen außer einer geringen Menge an Stoffen, die sie aus dem Boden beziehen, für ihr Wachstum nur ausreichend Wasser benötigen. Beides nehmen Pflanzen mit ihren Wurzeln aus dem Erdreich auf.

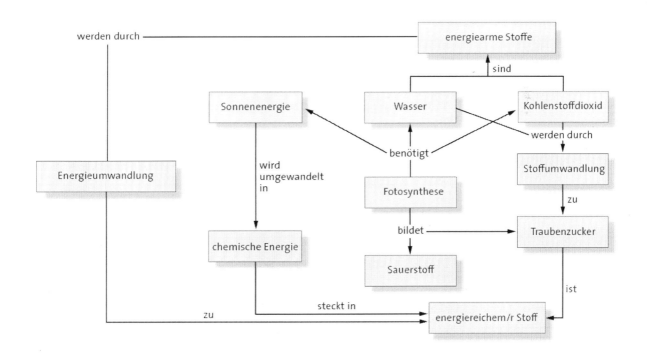

A4 Erkläre das Versuchsergebnis auf Grundlage heutiger Erkenntnisse!
VAN HELMONT konnte nicht wissen, dass die Fotosynthese Grundlage für das Wachstum der Weide ist. Deshalb sind für das Wachstum nicht nur Wasser und Mineralstoffe ausreichend. Heute wissen Biologen, dass Pflanzen neben dem Wasser aus dem Boden Kohlenstoffdioxid aus der Luft entnehmen und beides mithilfe des Lichts in Glukose und Sauerstoff umwandeln.

 Gestufte Hilfe: Angabe der Fotosynthesegleichung

Material B – Nachweis der Stärkebildung

B1 Erstelle ein Versuchsprotokoll! Gehe von der Frage aus, in welchen Bereichen solcher Laubblätter Stärke nachgewiesen werden kann!
Versuchsprotokoll   Datum:
Frage: Wo kann Stärke in grün-weißen Laubblättern nachgewiesen werden?
Vermutung: Nur in den grünen Blattbereichen kann Stärke gebildet werden.
Material: eine Lampe, zwei Bechergläser, eine Petrischale, eine Pinzette, grün-weiße Blätter, siedendes Wasser, heißer Brennspiritus
Durchführung: Zunächst wird eine Pflanze mit grün-weißen Laubblättern für 24 Stunden im Dunkeln gehalten. Anschließend wird sie für mehrere Stunden mit einer Lampe bestrahlt. Ein grün-weißes Laubblatt wird mithilfe einer Pinzette in siedendes Wasser getaucht und anschließend in heißem Alkohol entfärbt. Danach wird das Laubblatt in eine Petrischale gelegt und mit Iod-Kaliumiodid-Lösung beträufelt.
Beobachtung: Nach der Behandlung mit Iod-Kaliumiodid-Lösung färben sich nur die ursprünglich grünen Blattbereiche dunkelblau. Die hellen Bereiche nehmen die bräunliche Farbe der Iod-Kaliumiodid-Lösung an.
Deutung: Nur grüne Blattbereiche speichern Stärke.

 Gestufte Hilfe: Vorgabe des allgemeinen Aufbaus eines Versuchsprotokolls (siehe Biosphäre Sachsen 7, Seite 92 f.).

B2 Erkläre das Versuchsergebnis!
Die Grünfärbung der Laubblätter in den grünen Blattbereichen grün-weißer Blätter wird durch den Farbstoff Chlorophyll verursacht, der in den Chloroplasten enthalten ist. Nur in den Chloroplasten findet die Fotosynthese statt, die die Glukosebausteine liefert, aus denen die Pflanze den Vielfachzucker Stärke herstellt. In den hellen Blattbereichen, die frei von Chlorophyll sind, wird daher keine Stärke gebildet.

 Gestufte Hilfen:
Hilfe 1: Die Fotosynthese findet in den Chloroplasten statt.
Hilfe 2: Chlorophyll färbt Blattbereiche grün.

B3 Begründe die Notwendigkeit einer Belichtung der Pflanze vor dem Stärkenachweis!
Erst durch die Belichtung wird in der Pflanze Fotosynthese möglich und damit auch die Bildung von Stärke. Nur, wenn in den Blättern Stärke vorhanden ist, färben sich die grünen Blattbereiche bei Behandlung mit Iod-Kaliumiodid-Lösung dunkelblau. Die Belichtung ist somit eine zwingende Voraussetzung für den Stärkenachweis.

 Gestufte Hilfe: Überlege, ob die Pflanze Stärke enthält, wenn sie vorher nicht belichtet wurde!

B4 Begründe die Aufbewahrung der Pflanze im Dunkeln zu Beginn des Versuchs!
Die Dunkelhaltung ist erforderlich, weil Stärke auch außerhalb der Chloroplasten im Laubblatt, zum Beispiel in den hellen Blattbereichen, gespeichert wird. Diese Speicherstärke liegt also nicht an der Stelle, an der sie gebildet wurde. Während der Dunkelheit baut die Pflanze die Stärke ab. Durch die Dunkelhaltung im Experiment wird gewährleistet, dass mit der Blaufärbung tatsächlich nur die Orte der Stärkebildung nachgewiesen werden und nicht auch andere Orte, an denen Stärke nur gespeichert wird.

 Gestufte Hilfe: Überlege, was passiert, wenn man die Pflanze nicht im Dunkeln halten würde!

Material C – Fotosynthese und Licht

C1 Erstelle ein Liniendiagramm aus den Werten der Tabelle!

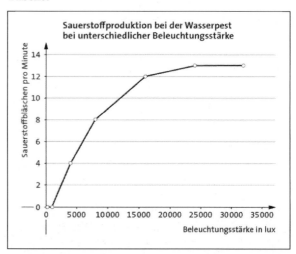

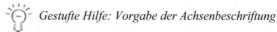 *Gestufte Hilfe: Vorgabe der Achsenbeschriftung*

C2 Beschreibe das Liniendiagramm und den Kurvenverlauf!

In dem Diagramm ist dargestellt, wie viele Sauerstoffbläschen pro Minute in den sieben Reagenzgläsern bei verschiedener Beleuchtungsstärke entstehen. Die Hochachse repräsentiert die Sauerstoffbläschen pro Minute, die Rechtsachse die Beleuchtungsstärke in Lux.
Bis zu einer Beleuchtungsstärke von 4 000 lux können im Reagenzglas keine Sauerstoffbläschen pro Minute gezählt werden. Ab 4 000 lux steigt die Anzahl der Sauerstoffbläschen pro Minute mit zunehmender Beleuchtungsstärke stark an. Ab 10 000 lux steigt die Kurve weniger stark an. Bei Beleuchtungsstärken von mehr als 24 000 lux wird keine weitere Änderung der Anzahl der Sauerstoffbläschen pro Minute festgestellt.
Zusatzinformation: Die dargestellte Kurve entspricht einer Sättigungskurve. Ab 24 000 lux pendelt sich die Anzahl der Sauerstoffbläschen pro Minute auf den sogenannten Sättigungswert ein.

C3 Deute das Versuchsergebnis!

Die Anzahl der Sauerstoffbläschen stellt ein Maß für die Fotosyntheserate dar. Mit zunehmender Beleuchtungsstärke nimmt die Anzahl der gebildeten Sauerstoffbläschen zu. Die Beleuchtungsstärke von 1000 lux ist für die Wasserpest so gering, dass pro Minute keine Sauerstoffbläschen gebildet werden können. Erhöht man die Beleuchtungsstärke, erhält die Pflanze genug Lichtenergie für ihre Fotosynthese und es wird Sauerstoff produziert. Die Fotosyntheserate nimmt mit steigender Beleuchtungsstärke immer mehr zu, bis sie ab einem Wert von 24 000 lux nicht weiter erhöht werden kann. Mehr Licht kann die Pflanze nicht verwerten.

C4 Zwischen der Lampe und dem Reagenzglas wurde im Experiment ein Hitzefilter aufgestellt, der Licht ungefiltert passieren lässt. Erläutere den Grund dafür!

Ein Hitzefilter verhindert, dass sich durch die Wärme, die von der Lampe abgestrahlt wird, die Wassertemperatur im Reagenzglas erhöht. Da die Temperatur ebenfalls einen Einfluss auf die Fotosynthese hat, ist es ohne Hitzefilter nicht möglich zu entscheiden, ob die Änderung der Fotosyntheserate durch das Lichts oder die Wärme zustande kommt.

 Gestufte Hilfe: Überlege, welche Folgen es hätte, wenn man keinen Hitzefilter benutzen würde.

Material D – Fotosynthese und Temperatur

D1 Beschreibe das Liniendiagramm und den Kurvenverlauf!

In dem dargestellten Liniendiagramm wird dargestellt, wie sich die Fotosyntheserate bei Erhöhung der Temperatur ändert. Die Kurve beginnt bei 0 °C. Mit steigender Temperatur steigt die Fotosyntheserate an, bis bei etwa 35 °C die höchste Fotosyntheserate zu verzeichnen ist. Die Kurve fällt anschließend wieder ab, bis bei einer Temperatur von 40 °C die Fotosyntheserate Null ist.
Zusatzinformation: Die dargestellte Kurve entspricht einer Optimums- oder Maximumskurve.

D2 Deute das Versuchsergebnis!

Es gibt eine optimale Temperatur, bei der die Fotosyntheserate am höchsten ist. In diesem Versuch ist dies bei 35 °C der Fall. Hier wird am meisten Glukose und Sauerstoff produziert. Bei niedrigeren oder höheren Temperaturen ist die Fotosyntheserate geringer, bis die Pflanze bei einer Temperatur von 0 °C bzw. 40 °C keine Fotosynthese mehr betreibt.

D3 Nenne Faktoren, die gemessen werden können, um die Fotosyntheserate zu bestimmen! Verwende dazu die Gleichung der Fotosynthese!

Laut Gleichung der Fotosynthese könnte sowohl die Herstellung von Glukose, Stärke oder Sauerstoff, aber auch der Verbrauch von Kohlenstoffdioxid oder Wasser gemessen werden.
Zusatzinformation: Am gebräuchlichsten ist der Nachweis der Stärke und Sauerstoffproduktion.

Material E – Fotosynthese und Kohlenstoffdioxid

E1 Nenne die Frage, die durch den Versuch beantwortet werden soll!

Welchen Einfluss hat der Kohlenstoffdioxidgehalt im Wasser auf die Fotosyntheserate?

E2 Beschreibe die zu erwartenden Versuchsergebnisse bei den Teilversuchen A, B, C!

Im Reagenzglas A sondert die Pflanze Sauerstoffbläschen ab. Im Reagenzglas B dagegen werden nur wenige oder keine Sauerstoffbläschen abgesondert. Die meisten Sauerstoffbläschen werden im Reagenzglas C gezählt.

E3 Erläutere die Versuchsergebnisse!

Im Reagenzglas A findet Fotosynthese statt, daher werden Sauerstoffbläschen von der Pflanze abgesondert. Im Reagenzglas B werden nur wenige oder keine Sauerstoffbläschen abgesondert, da die Fotosynthese bei geringem oder fehlendem Angebot an Kohlenstoffdioxid nur langsam oder gar nicht abläuft. Die meisten Sauerstoffbläschen werden im Reagenzglas C gezählt. Das Wasser enthält mehr Kohlenstoffdioxid als Reagenzglas A, sodass die Fotosyntheserate höher ist.

E4 Erkläre das Versuchsergebnis in Teilversuch D!

Im Reagenzglas D werden keine Sauerstoffbläschen abgesondert. Obwohl das Wasser kohlenstoffdioxidreich ist, bildet die Pflanze keinen Sauerstoff, da sie ohne Licht keine Fotosynthese betreiben kann.

E5 Erläutere mögliche Fehlerquellen, die in der Versuchsdurchführung zu beachten sind!

Mit Ausnahme des Kohlenstoffdioxidgehalts müssen alle Ausgangsbedingungen für jeden Teilversuch gleich sein. So müssen die Anzahl sowie die Länge der Sprossachsen der Wasserpest in jedem Reagenzglas gleich sein. Jedes Reagenzglas mit Ausnahme von Teilversuch D wird mit der gleichen Lichtintensität bestrahlt. Ebenso müssen die Menge und die Temperatur des Wassers in allen Reagenzgläsern einheitlich sein. Nur so sind die Ergebnisse vergleichbar, da Unterschiede in der Fotosyntheserate nur von dem veränderten Kohlenstoffdioxidgehalt verursacht werden.

Material F – Messung der Glukosemenge

F1 Stelle das Versuchsergebnis in einem Liniendiagramm grafisch dar!

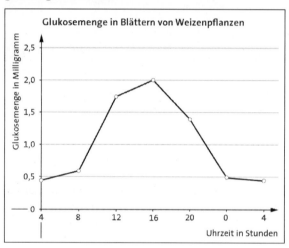

 Gestufte Hilfen:
Hilfe 1: Vorgabe der Achsenbeschriftung
Hilfe 2: Vorgabe der Achsenskalierung (x-Achse: 1 cm = 0,5 mg Glukose; y-Achse: 1,5 cm = 8 h)

F2 Beschreibe den Kurvenverlauf!

In dem Liniendiagramm wird dargestellt, wie sich die Glukosemenge pro Stunde mit der Tageszeit ändert. In den frühen Morgenstunden ist die gemessene Glukosemenge pro Stunde gering, nimmt aber im Tagesverlauf zu. Um 16 Uhr ist der Maximalwert von 2 mg Glukose pro Stunde erreicht. Danach nimmt die Glukosemenge pro Stunde wieder bis zum Minimalwert von 0,45 mg ab.

Zusatzinformation: Der Kurvenverlauf entspricht einer Maximum- oder Optimumskurve. Nicht berücksichtigt ist bei diesem Experiment der Verbrauch der Glukose durch die Zellatmung.

F3 Gib an, welche Konzentration jeweils bei 10 Uhr und 14 Uhr zu erwarten ist!

Bei 10 Uhr ist eine Glukosemenge von etwa 1,25 mg zu erwarten, um 14 Uhr eine Glukosemenge von etwa 1,8 mg.

F4 Erkläre die zeitlichen Schwankungen der Glukosemenge im Tagesverlauf!

Je stärker die Fotosynthese abläuft, desto höher ist die Bildung von Glukose. Die Fotosyntheserate einer Pflanze hängt von mehreren Faktoren ab.

Von besonderer Bedeutung ist vor allem das Sonnenlicht. Die Intensität der Sonneneinstrahlung nimmt vormittags bis zu ihrem höchsten Wert am Mittag zu und am Nachmittag wieder ab. Ähnlich ändert sich die Lufttemperatur im Verlauf eines Tages. Der gemessene Verlauf der Glukoseproduktion kann daher wahrscheinlich durch die tageszeitliche Schwankung von Licht und zum Teil durch Temperatur erklärt werden.

F5 Berechne die Menge der Glukose, die die Pflanze pro Stunde in den beiden Zeiträumen produziert hat! Vergleiche die Ergebnisse miteinander!

3 284 cm^2 = 0,3284 m^2 bzw. 6 567 cm^2 = 0,6567 m^2.

Pro m^2 Fläche produziert die Pflanze in einer Stunde 1 g Glukose. Das bedeutet, dass die Pflanze bei einer Fläche von 0,3284 m^2 pro Stunde 0,3284 g (= 328 mg) Glukose produziert, bei einer Fläche von 6 567 cm^2 etwa 656 mg Glukose pro Stunde.

Vergleicht man die Ergebnisse miteinander, so produziert die Pflanze in den Monaten September und Oktober doppelt so viel Glukose pro Stunde wie in den Monaten Mai, Juni, Juli und August.

Zusatzinformation: Der Verbrauch von Glukose durch die Zellatmung wurde dabei nicht berücksichtigt

 Gestufte Hilfen:
Hilfe 1: Rechne zunächst die Angaben von cm^2 in m^2 um.
Hilfe 2: Berechne, wie viel Glukose pro m^2 und Stunde produziert wird.

F6 Vermute Unterschiede in den Bedingungen für die Fotosynthese, die dazu führen können, dass die bei F5 berechneten Werte von der tatsächlichen Fotosyntheserate in den beiden Zeiträumen abweichen!

In den beiden Zeiträumen Mai bis August und September bis Oktober können sowohl die Lufttemperatur als auch die Stärke und Dauer der Belichtung durch die Sonne unterschiedlich sein. Da die bei F5 berechneten Werte Mittelwerte sind, können diese von der tatsächlichen Fotosyntheserate abweichen.

 Gestufte Hilfe: Licht, Temperatur und Kohlenstoffdioxid beeinflussen die Fotosyntheserate.

Zellatmung

Seite 46–47

1 Ordne folgende Begriffe Pflanzen, Tieren und Menschen zu: Zellatmung, Fotosynthese, Chloroplasten, Mitochondrien, Kohlenstoffdioxidabgabe, Sauerstoffabgabe, Sauerstoffaufnahme!
Zellatmung: Pflanzen, Tiere, Menschen
Fotosynthese: Pflanzen
Chloroplasten: Pflanzen
Mitochondrien: Pflanzen, Tiere, Menschen
Kohlenstoffdioxidabgabe: Tiere, Menschen
Sauerstoffabgabe: Pflanzen
Sauerstoffaufnahme: Tiere, Menschen

2 Begründe, weshalb die Pflanze bei Tag mehr Glukose bilden muss, als durch die Zellatmung abgebaut wird!
Am Tag betreibt die Pflanze Fotosynthese und stellt mithilfe der Lichtenergie aus Kohlenstoffdioxid und Wasser Glukose her, die als Stärke gespeichert werden kann. Ein Teil dieser Vorräte wird durch die Zellatmung abgebaut, wodurch die Pflanze Energie für ihre Lebensvorgänge erhält. In der Nacht wird die Fotosynthese aufgrund des fehlenden Lichts eingestellt. Die Zellatmung läuft dagegen auch nachts ab. Dabei werden die Glukose- und Stärkevorräte genutzt, die tagsüber aufgebaut wurden.

Seite 48 (Im Blickpunkt Physik: Energie)

1 Beschreibe die Energieumwandlungen an zwei Beispielen der Abbildung 02!
A: Das Känguru wandelt chemische Energie in Bewegungsenergie um.
B: Das Glühwürmchen wandelt chemische Energie in Lichtenergie um.
C: Das Auto wandelt chemische Energie in Bewegungsenergie um.
D: Die Kerze: wandelt chemische Energie in Lichtenergie um.
E: Der Ventilator wandelt elektrische Energie in Bewegungsenergie um.
F: Die Solarzelle wandelt Lichtenergie in elektrische Energie um.

Seite 49 (Material)

Material A – Keimende Erbsen

A1 Stelle das Versuchsergebnis in einem Liniendiagramm dar!

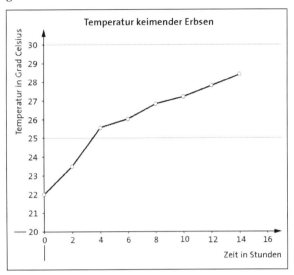

 Gestufte Hilfe: Vorgabe der Achsenbeschriftung

A2 Beschreibe das Liniendiagramm und den Kurvenverlauf!
In dem Diagramm ist dargestellt, wie viel Wärme die Pflanze während der Keimung freisetzt. Die Ausgangstemperatur liegt bei 22 °C. Während des Keimungsprozesses steigt die Temperatur an. Nach 14 Stunden kann ein Temperaturanstieg von etwa 6 °C beobachtet werden.

A3 Nenne die Frage, die durch den Versuch beantwortet werden soll!
Folgende Fragen könnten formuliert werden:
Wird bei den Keimungsvorgängen Wärme frei?
Wie hoch steigt die Temperatur durch die bei der Keimung freigesetzte Wärme?
Wie hoch steigt die Temperatur durch den Abbau von Nährstoffen während der Keimung?

A4 Deute das Versuchsergebnis!
Als Keimung bezeichnet man alle Wachstums- und Entwicklungsvorgänge einer Pflanze von der Quellung bis zum Ergrünen der ersten Laubblätter. Diese Vorgänge benötigen Energie. Die keimende Pflanze erhält diese Energie aus den Nährstoffen, die im Samen gespeichert sind. Die Nährstoffe werden in der Zellatmung abgebaut. Dadurch wird Energie frei. Ein Teil der freiwerdenden Energie tritt als Wärme auf. Diese Wärme kann im Experiment am Thermometer abgelesen werden.

 Gestufte Hilfe: Bei der Keimung werden gespeicherte Nährstoffe durch die Zellatmung abgebaut.

A5 Stelle Vermutungen an, weshalb die Erbsen vorgekeimt wurden!
Der erste Vorgang der Keimung ist die Quellung des Samens. Der Samen nimmt dabei viel Wasser auf. Wenn man bereits gequollene Erbsen verwendet, benötigt der Versuch weniger Zeit.

Material B – Kohlenstoffdioxid

B1 Ordne folgende Beschreibungen für den Kohlenstoffdioxidgehalt der ausströmenden Luft den Abbildungen zu: „nimmt zu", „bleibt gleich", „nimmt ab"!
In Abbildung A bleibt der Kohlenstoffdioxidgehalt gleich. In Abbildung B nimmt der Kohlenstoffdioxidgehalt ab. In Abbildung C nimmt der Kohlenstoffdioxidgehalt zu.

B2 Vergleiche den Gehalt an Kohlenstoffdioxid der ausströmenden und einströmenden Luft in den drei Abbildungen!
In Abbildung A entspricht der Kohlenstoffdioxidgehalt der ausströmenden Luft etwa dem der einströmenden Luft. In Abbildung B ist der Kohlenstoffdioxidgehalt der aus der Versuchskammer ausströmenden Luft geringer als der der einströmenden Luft. In Abbildung C ist es genau umgekehrt: der Kohlenstoffdioxidgehalt der ausströmenden Luft ist größer als der der einströmenden Luft.

B3 Erkläre für jede Abbildung den Kohlenstoffdioxidgehalt in der Kammer und in der ausströmenden Luft!
Abbildung A: Bei Sonnenaufgang beginnt in der Pflanze die Fotosynthese. Bei den morgendlichen Lichtverhältnissen läuft die Fotosynthese langsamer ab. Bei der geringen Fotosyntheserate verbraucht die Pflanze für ihre Lebensvorgänge etwa so viel Kohlenstoffdioxid wie die Zellatmung liefert. Der Kohlenstoffdioxidgehalt der ausströmenden und einströmenden Luft ist daher etwa gleich.
Abbildung B: Am Tag stellt die Pflanze durch Fotosynthese aus dem Kohlenstoffdioxid der einströmenden Luft und Wasser Glukose her. Gleichzeitig wird bei der Zellatmung Kohlenstoffdioxid frei. Weil die Fotosynthese bei Tag aber stärker abläuft als die Zellatmung, sinkt der Kohlenstoffdioxidgehalt in der Kammer. Die ausströmende Luft enthält deshalb weniger Kohlenstoffdioxid als die einströmende Luft.
Abbildung C: In der Nacht wird die Fotosynthese aufgrund des fehlenden Sonnenlichts eingestellt. Daher verbraucht die Pflanze in dieser Zeit kein Kohlenstoffdioxid. Nachts läuft in der Pflanze nur noch die Zellatmung ab. Da bei der Zellatmung Kohlenstoffdioxid frei wird, steigt der Gehalt in der Versuchskammer an. Die ausströmende Luft enthält deshalb mehr Kohlenstoffdioxid als die einströmende Luft.

Gestufte Hilfe: Bedenke, dass die Fotosynthese nur bei Tag und die Zellatmung bei Tag und Nacht abläuft.

B4 Pflanzen zehren nachts von den Nährstoffen, die sie tagsüber gebildet haben. Stelle eine Vermutung an, wie sie dennoch wachsen können!
Nicht alle Nährstoffe, die die Laubblätter am Tag mithilfe der Fotosynthese hergestellt haben, werden von der Pflanze in der Nacht verbraucht. Den Rest der Nährstoffe speichert die Pflanze. Aus diesen Nährstoffen können neue Gewebe gebildet werden, wodurch die Pflanze wachsen kann.

Pflanzen und Tiere sind aufeinander angewiesen

Seite 50–52

1 Beschreibe den Weg der Erkenntnisgewinnung von PRIESTLEY!
PRIESTLEY verwendete in seinen Versuchen eine luftdicht verschlossene Glasglocke. Zunächst setzte er eine Maus unter die Glasglocke. Diese starb, nachdem die Glasglocke verschlossen wurde. In einem weiteren Versuch stellte er eine Pfefferminzpflanze unter die Glasglocke. Die Pflanze gedieh, auch über einen längeren Zeitraum. Anschließend brachte PRIESTLEY eine Maus unter die Glasglocke, unter der zuvor die Pflanze gestanden hatte. Die Maus überlebte länger als im ersten Versuch. Aus diesen Versuchen schloss er, dass die Maus die Luft in der Glasglocke „verschlechterte", die Pflanze sie aber „verbesserte". In einem Kontrollversuch setzte er eine Pflanze und eine Maus unter die Glasglocke. Die Maus überlebte viele Tage und die Pflanze wuchs.

2 Beschreibe die Bedeutung der Wechselbeziehung zwischen Pflanzen und Tieren in einem Flaschengarten!
Die Pflanzen betreiben Fotosynthese und bilden aus den energiearmen Stoffen Kohlenstoffdioxid und Wasser die energiereiche Glukose. Dabei wird Sauerstoff freigesetzt. Die Tiere nehmen den Sauerstoff auf. Mithilfe von Sauerstoff wird in der Zellatmung energiereiche Glukose in die energiearmen Stoffe Kohlenstoffdioxid und Wasser umgewandelt und freigesetzt. Kohlenstoffdioxid steht nun den Pflanzen wieder zur Verfügung. Die Pflanzen verwenden also das Kohlenstoffdioxid, das Tiere abgeben, für ihre Fotosynthese und die Tiere gebrauchen den Sauerstoff aus der Fotosynthese für ihre Zellatmung.

Seite 53 (Material)

Material A – Wechselbeziehungen

A1 Begründe für jedes Aquarium die Veränderung des Gehalts an Kohlenstoffdioxid und Sauerstoff!
Im *Aquarium A* befinden sich Fische, aber keine Pflanzen. Das Aquarium wird belichtet. Die Fische verbrauchen durch Zellatmung den Sauerstoff des Wassers und atmen dabei Kohlenstoffdioxid aus. Der Gehalt an Kohlenstoffdioxid steigt und der an Sauerstoff sinkt.

Aquarium B ist gleich ausgestattet wie Aquarium A, nur die Belichtung fehlt. Der Gehalt an Kohlenstoffdioxid nimmt aufgrund der Zellatmung der Fische zu, der Gehalt an Sauerstoff nimmt aus demselben Grund ab. Das fehlende Licht hat keine Auswirkung auf die Zellatmung.

Aquarium C enthält Fische und Pflanzen. Das Aquarium wird belichtet. Die Pflanzen betreiben mithilfe des Lichts Fotosynthese und geben dabei Sauerstoff ab. Der freigesetzte Sauerstoff kann nun von den Fischen aufgenommen werden. Diese stellen während der Zellatmung Kohlenstoffdioxid her. Der Gehalt an Kohlenstoffdioxid und an Sauerstoff bleibt somit ungefähr gleich. Beide Lebewesen können für längere Zeit überleben.

Aquarium D enthält wie Aquarium C Fische und Pflanzen, nur ist kein Licht vorhanden. Ohne Licht können die Pflanzen keine Fotosynthese betreiben. Sie geben also keinen Sauerstoff ab und nehmen kein Kohlenstoffdioxid auf. Durch die Zellatmung der Fische nimmt der Gehalt an Sauerstoff ab und der Gehalt an Kohlenstoffdioxid steigt. Die Änderung des Gehalts beider Gase entspricht dem vom Aquarium A und B.

Gestufte Hilfen:
Hilfe 1: Nimm die Gleichungen der Fotosynthese und der Zellatmung zur Hilfe.
Hilfe 2: In der Fotosynthese wird Sauerstoff gebildet und Kohlenstoffdioxid verbraucht. In der Zellatmung wird Kohlenstoffdioxid gebildet und Sauerstoff verbraucht.

A2 Beschreibe die Bedingungen, unter denen offene Aquarien mit Sauerstoff versorgt werden müssen!

In der Regel enthält ein Aquarium Fische und Pflanzen. Die Pflanzen betreiben am Tag Fotosynthese und stellen Sauerstoff her. Dieser kann von den Fischen aufgenommen und für die Zellatmung verwendet werden. Das dabei freigesetzte Kohlenstoffdioxid dient der Pflanze als Ausgangsstoff für die Fotosynthese. Häufig sind aber die Bedingungen wie Lichtstärke oder der Gehalt an Sauerstoff für die Fotosynthese nicht so weit erfüllt, um ausreichend Sauerstoff für die Fische zu bilden. Eventuell reicht auch die Menge an Pflanzen im Aquarium nicht aus. In solchen Fällen muss das Aquarium zusätzlich mit Sauerstoff versorgt werden.

Material B – Bedeutung der Fotosynthese

B1 Berechne mithilfe der in der Tabelle angegebenen Daten die Sauerstoffmenge, die eine Buche in einer Stunde herstellt! Gehe dabei von 400 000 Laubblättern aus, die je eine Oberfläche von 30 Quadratzentimetern haben.

$1 m^2$ Oberfläche eines Laubblattes stellt 1 g Sauerstoff in einer Stunde her.
$1 m^2 = 10 000 cm^2$
$10 000 cm^2$ stellen 1 g Sauerstoff in einer Stunde her.
$30 cm^2$ stellen x g Sauerstoff in einer Stunde her.

Dreisatz:
$$\frac{x}{30 cm^2} = \frac{1 g}{10 000 cm^2}$$

Daraus folgt:
$$x = \frac{1 g \cdot 30 cm^2}{10 000 cm^2}$$

x = 0,003 g

Ein Buchenblatt mit der Oberfläche von $30 cm^2$ stellt 0,003 g (3 mg) Sauerstoff in einer Stunde her.

0,003 g · 400 000 Laubblätter = 1 200 g = 1,2 kg.

Eine Buche mit 400 000 Laubblättern mit je einer Oberfläche von $30 cm^2$ stellt in einer Stunde 1,2 kg Sauerstoff her.

Gestufte Hilfen:
Hilfe 1: Berechne zunächst, wie viel cm^2 $1 m^2$ entsprechen und berechne, wie viel Gramm Sauerstoff ein Laubblatt in einer Stunde herstellt!
Hilfe 2: Vorgabe des Dreisatzes
Hilfe 3: Multipliziere das Ergebnis mit der Anzahl der Laubblätter einer Buche!

B2 Berechne, wie viel Sauerstoff das Flugzeug bei einem achtstündigen Flug von Europa in die USA verbraucht!

Ein Flugzeug verbraucht in der Stunde 35 000 kg Sauerstoff.
35 000 kg Sauerstoff · 8 = 280 000 kg Sauerstoff

Bei einem achtstündigen Flug von Europa in die USA verbraucht ein Flugzeug 280 000 kg Sauerstoff. Dies entspricht 280 Tonnen.

B3 Ermittle die Anzahl von Bäumen, die erforderlich ist, um in acht Stunden die Sauerstoffmenge zu bilden, die ein Flugzeug in der gleichen Zeit verbraucht! Verwende dazu die Aufgaben und Ergebnisse von B1 und B2!

Die Buche mit 400 000 Blättern stellt in der Stunde 1,2 kg Sauerstoff her (B1).
1,2 kg · 8 Stunden = 9,6 kg Sauerstoff in 8 Stunden

Ein Baum produziert 9,6 kg Sauerstoff in 8 Stunden.
x Bäume produzieren 280 000 kg in 8 Stunden.
Dreisatz:
$$\frac{x}{280 000 kg} = \frac{1 \text{ Baum}}{9,6 kg}$$

Daraus folgt:

$$x = \frac{1 \text{ Baum} \cdot 280\,000 \text{ kg}}{9{,}6 \text{ kg}}$$

x = 29 167 Bäume

29 167 Bäume sind erforderlich, um in acht Stunden die Sauerstoffmenge zu bilden, die ein Flugzeug in der gleichen Zeit verbraucht.

 Gestufte Hilfen:
Hilfe 1: Angabe der Ergebnisse von B1 und B2
Hilfe 2: Ein Baum produziert 9,6 kg Sauerstoff in 8 Stunden.

B4 Berechne, wie viele Stunden ein Mensch mit der bei B2 ermittelten Sauerstoffmenge überleben kann!
Ein Mensch verbraucht in der Stunde 200 g Sauerstoff.
1 Mensch → 200 g Sauerstoff pro Stunde = 0,2 kg
Ein Flugzeug verbraucht in der Stunde 35 000 kg Sauerstoff
1 Flugzeug → 280 000 kg Sauerstoff in 8 Stunden (B2)
Daraus folgt:
Anzahl der Stunden, die ein Mensch überleben kann =

$$\frac{280\,000 \text{ kg Sauerstoff}}{0{,}2 \text{ kg}} = 1\,400\,000 \text{ Stunden}$$

Ein Mensch kann von 280 000 kg Sauerstoff 1 400 000 Stunden überleben. Dies entspricht einer Zeit von etwa 58 333 Tagen oder 159 Jahren.

 Gestufte Hilfe: Angabe des Ergebnisses von B2

Material C – Energieumwandlung

C1 Beschreibe alle Energieumwandlungsprozesse, die erforderlich waren, bis das Lagerfeuer Licht und Wärme freisetzen kann!
Erste Energieumwandlung: Der Baum hat mithilfe der Lichtenergie aus dem Sonnenlicht in der Fotosynthese energiereiche Glukose hergestellt. Er hat also Lichtenergie in chemische Energie umgewandelt. Aus der Glukose wurde zusammen mit anderen Stoffen das Holz gebildet, aus dem der Baum besteht. *Zweite Energieumwandlung:* Nach dem Anzünden des Lagerfeuers wird die chemische Energie des Holzes umgewandelt in Lichtenergie und Wärme.

C2 Stelle die Herkunft der Energie dar, die wir aufnehmen, wenn wir die Würstchen essen! Fertige dazu ein Pfeildiagramm an!
Sonne (Lichtenergie) → Pflanze (Fotosynthese, chemische Energie, Glukose) → Tier/Schwein (Nahrungsaufnahme, chemische Energie) → Mensch (Würstchen, chemische Energie)

Zusammenhänge in Ökosystemen

1 Einführung in die Ökologie

Das Ökosystem – mehr als ein Lebensraum

Seite 58–59

1 Erläutere den Begriff Ökosystem!
Ein Ökosystem ist eine Funktionseinheit aus einem Biotop und einer Biozönose. Im Biotop herrschen bestimmte abiotische Umweltfaktoren. Die Biozönose ist die Lebensgemeinschaft, die in einem Biotop lebt und an die dort herrschenden abiotischen Umweltfaktoren angepasst ist. Biotop und Biozönose stehen in einer Wechselbeziehung.
Zusatzinformation: Der Begriff Ökosystem leitet sich vom englischen Begriff ecosystem ab. Dieser wurde von dem englischen Botaniker Sir Arthur George TANSLEY 1935 in die Wissenschaft eingeführt. TANSLEY erkannte die vielseitige Abhängigkeit von Pflanzen und Tieren und dass beide in einer engen Beziehung zur unbelebten Umwelt stehen. Der Begriff Biozönose wurde schon 1877 von dem deutschen Zoologen Karl August MÖBIUS in seiner Arbeit „Die Auster und die Austernwirtschaft" eingeführt. MÖBIUS hatte bei seinen Untersuchungen die starke wechselseitige Abhängigkeit zwischen allen Lebewesen einer Austernbank erkannt. Der deutsche Zoologe Friedrich DAHL übertrug die von MÖBIUS erkannten Prinzipien in die terrestrische Ökologie und prägte 1908 den Begriff Biotop. Auch der Begriff Ökologie, die Lehre vom Haushalt der Natur, wurde von einem deutschen Zoologen, Ernst HAECKEL, 1866 geprägt.

2 Ordne die folgenden Begriffe in einer Concept-Map: Biosphäre, Ökosystem, Biotop, Biozönose, biotische Umweltfaktoren, abiotische Umweltfaktoren!

2 Abiotische Umweltfaktoren

Umweltfaktor Licht

Seite 62–64

1 Beschreibe die Unterschiede zwischen Schattenblättern und Lichtblättern mit dem Erschließungsfeld Angepasstheit!
Lichtblätter findet man bei Pflanzen, die an Standorte mit hoher Lichtverfügbarkeit angepasst sind, Schattenblätter bei Pflanzen, die an Standorte mit Lichtarmut angepasst sind. In den Kronen dicht belaubter Bäume wie der Rotbuche findet man im Innenbereich Schattenblätter und im Außenbereich Lichtblätter. Licht- und Schattenblätter zeigen unterschiedliche Angepasstheiten an die Lichtverhältnisse ihres Wuchsortes. *Schattenblätter* haben größere Blattflächen, wodurch möglichst viel Licht für die Fotosynthese nutzbar wird. Sie sind dünner, da Palisadengewebe und Schwammgewebe aus wenigen Zellschichten bestehen. Diese enthalten genug Chloroplasten, um die geringe Lichtenergie für die Fotosynthese zu verwerten. *Lichtblätter* sind meistens kleiner und dicker. Palisadengewebe und Schwammgewebe bestehen aus mehreren Zellschichten, wodurch viel Lichtenergie zur Fotosynthese genutzt werden kann. Das Palisadengewebe enthält viele Chloroplasten mit Chlorophyll, wodurch Lichtblätter oft kräftig dunkelgrün gefärbt sind. Eine verdickte Kutikula vermindert die Transpiration.

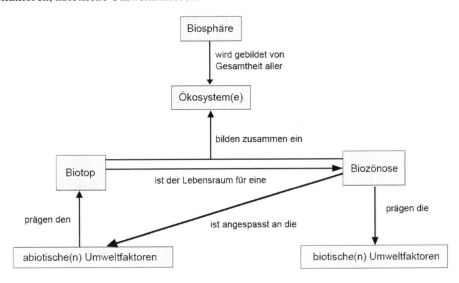

2 Beurteile, ob es sinnvoll ist, nachts für eine Klassenarbeit zu lernen!

Beim Menschen unterliegen viele Körperfunktionen einem 24-Stunden-Rhythmus. Dazu gehört auch der Schlaf-Wach-Rhythmus. Mit der nächtlichen Dunkelheit sinkt die körperliche Aktivität. Botenstoffe im Körper sorgen dafür, dass man müde wird. Deshalb ist man nachts ist weniger aufnahmefähig und leistungsschwächer als tagsüber. Folglich ist es nicht sinnvoll, nachts für eine Klassenarbeit zu lernen. In der Nacht kann man nicht so konzentriert lernen wie am Tag. Man kann den Lernstoff weniger gut verstehen und auswendig lernen.

Zusatzinformation: Die innere Uhr und der Schlaf-Wach-Rhythmus werden durch das Hormon Melatonin reguliert, das in der Zirbeldrüse (Epiphyse) des Gehirns gebildet wird. Bei Dunkelheit schüttet die Epiphyse mehr Melatonin aus als bei Helligkeit.

Seite 65 (Material)

Material A – Reaktion von Asseln auf Licht

A1 Beobachte, wie sich die Asseln verhalten! Zähle vier Minuten lang alle 20 Sekunden, wie viele Asseln sich im belichteten Raum der Petrischale befinden!
individuelle Schülerlösung

A2 Trage deine Ergebnisse in eine Tabelle ein!
individuelle Schülerlösung

Zeit	20 sec	40 sec	60 sec
Asseln im Licht			
Asseln im Dunkeln			

A3 Übertrage deine Daten in ein Liniendiagramm! Die x-Achse bezeichnet die Anzahl der Asseln und die y-Achse die Zeit!
individuelle Schülerlösung

A4 Werte die Ergebnisse aus!
individuelle Schülerlösung

Material B – Konkurrenz um Licht in Rotbuchenwald

B1 Werte die Abbildung aus!
Die Abbildung zeigt die relative Lichtintensität in Prozent am Boden eines Rotbuchenwaldes im Jahresverlauf in einem Liniendiagramm. Zudem sind für fünf Pflanzenarten die Blütezeit und der Zeitraum vom Austreiben bis zum Absterben der oberirdischen Pflanzenteile in einem Balkendiagramm dargestellt.
Im Liniendiagramm ist zu erkennen, dass die Lichtintensität am Waldboden von Januar bis April von knapp 10 Prozent stetig ansteigt, bis sie Ende April ein Maximum von 45 Prozent erreicht hat. Im Mai fällt die Lichtintensität am Boden stark ab und bleibt von Juni bis Anfang September bei einem Wert von 1,6 Prozent. Von September bis November steigt die Lichtintensität noch einmal leicht auf circa 15 Prozent an, ab Mitte November bis Ende Dezember ist schließlich ein erneutes Absinken auf ungefähr 10 Prozent zu verzeichnen. Dem Balkendiagramm kann man entnehmen, dass die Rotbuche von Anfang April bis Ende Oktober belaubt ist und von Anfang April bis Mitte Mai Blüten ausbildet. Die Frühblüher Scharbockskraut und Buschwindröschen haben von Mitte beziehungsweise Ende Februar bis Mitte Mai oberirdische Pflanzenteile, sie blühen jeweils von Mitte März bis Mitte April. Efeu und Waldmeister sind das ganze Jahr über belaubt. Efeu blüht von Mitte September bis Ende Oktober, Waldmeister von Anfang bis Mitte Mai.

B2 Erkläre die Veränderung des Lichteinfalls am Waldboden!
Die Lichtintensität auf dem Waldboden ist abhängig von der Belaubung der Rotbuchen. Im Herbst und Winter sind die Baumkronen kahl, wodurch das wenige Sonnenlicht bis zum Waldboden strahlt. Im Frühjahr nimmt die Lichtintensität auf dem Boden zu, weil die Sonne stärker scheint und die Bäume noch wenig Laub tragen. Mit der einsetzenden Belaubung der Rotbuchen sinkt die Lichtintensität auf dem Waldboden. Die geringe Lichtintensität auf dem Waldboden hält bis September an, da das dichte Blätterdach der Rotbuchen kaum Licht durchlässt.

Zusatzinformation: Der Sonnenstand variiert im Jahresverlauf, weil die Erde um die Sonne kreist und ihre Erdachse in einem Winkel um 23,5 Grad geneigt ist. Im Winter ist die Nordhalbkugel von der Sonne abgewandt. Deren scheinbare Bahn über den Himmel verläuft dann flacher und die Tage sind kürzer. Im Frühjahr steigt die Sonne täglich höher und die Tage werden länger. Im Sommer ist die Nordhalbkugel der Sonne zugewandt, deshalb fallen die Sonnenstrahlen steiler ein und die Lichtintensität ist hoch. Im Herbst wird der Sonnenstand wieder flacher und die Lichtintensität nimmt ab.

B3 Erkläre die Veränderungen der Krautschicht eines Rotbuchenwaldes im Jahresverlauf!
Das Wachstum der Krautschicht im Wald ist abhängig von der Lichtintensität am Boden. Bis Mitte Februar ist die Krautschicht wenig bewachsen, da Licht und Wärme zum Austreiben und Wachsen der Pflanzen nicht ausreichen. Im Frühjahr nimmt die Lichtintensität auf dem Waldboden zu. In dieser Zeit blühen Frühblüher wie Scharbockskraut und Buschwindröschen. Mit der einsetzenden Belaubung der Rotbuchen sinkt die Lichtintensität am Waldboden, wodurch die Blütezeit der Frühblüher beendet wird. Ende Mai sterben die oberirdischen Pflanzenteile von Scharbockskraut und Buschwindröschen ab, da zu wenig Licht auf den Waldboden fällt. Nun können nur noch Pflanzenarten wie Waldmeister blühen, die an die geringe Lichtverfügbarkeit angepasst sind. Einige Pflanzenarten wie der Efeu blühen erst in den Herbstmonaten, wenn die Belaubung der Bäume wieder abnimmt und mehr Licht den Waldboden erreicht.

B4 In einem Rotbuchenwald findet man selten andere Baumarten. Erkläre dies mithilfe der Tabelle und der Abbildung!

Die Tabelle zeigt, dass Rotbuchenkeimlinge den geringsten Lichtbedarf haben. Er liegt bei 1,2 Prozent des vollen Sonnenlichtes. Der Lichtbedarf von Keimlingen der Stieleichen, Eschen, Kiefern und Birken liegt zwischen zwei und 15 Prozent. Die Samen der Bäume keimen im Frühjahr. Die Keimlinge wachsen in der Krautschicht heran. Aus der Abbildung ist ersichtlich, dass die Lichtintensität in der Krautschicht eines Rotbuchenwaldes von Anfang Juni bis Ende August etwa 1,6 Prozent beträgt. Diese Lichtmenge deckt den Lichtbedarf der Rotbuchenkeimlinge, nicht aber den Lichtbedarf der anderen in der Tabelle genannten Baumkeimlinge. Deshalb verkümmern bald diese nach der Keimung. Entsprechend wachsen neben den Rotbuchen kaum andere Baumarten heran.

B5 Begründe die Zugehörigkeit des Buschwindröschens zu den Frühblühern!

Das Buschwindröschen gehört zu den Frühblühern, da es die entsprechenden Angepasstheiten aufweist. Es kann bereits Ende Februar trotz der geringen Lichtintensität austreiben, da es von einem Nährstoffvorrat in den Speicherorganen zehrt. Die Blütezeit der Frühblüher fällt in die Zeit der höchsten Lichtintensität auf dem Waldboden. In dieser Zeit ist der Energiebedarf einer Pflanze aufgrund der Samenbildung am Ende der Blütezeit erhöht. Mitte Mai sterben die oberirdischen Pflanzenteile des Buschwindröschens ab. Bis dahin haben die Frühblüher genug Fotosynthese betrieben, um ihre Speicherorgane für das nächste Frühjahr aufzufüllen.

Zusatzinformationen: Das Buschwindröschen bildet als Speicherorgan unterirdische Erdsprosse (Rhizome) aus. Sie sind die Überdauerungsorgane, aus denen im Frühjahr eine neue Pflanze austreibt.

Umweltfaktor Wasser

Seite 66–68

1 Vergleiche die drei dargestellten Bautypen in einer Tabelle!
siehe Tabelle auf Folgeseite

2 Erkläre die Unterschiede anhand ihrer Angepasstheiten!

Hydrophyten, Hygrophyten und Xerophyten wachsen in sehr unterschiedlichen Lebensräumen und unterscheiden sich deshalb in ihren Angepasstheiten. Hydrophyten wachsen im oder auf dem Wasser. In diesen Lebensräumen ist wegen der geringeren Durchlüftung vor allem der Gasaustausch kritisch. Hydrophyten haben große Zellzwischenräume, die den Transport von Kohlenstoffdioxid und Sauerstoff durch die Pflanze erleichtern. Zudem sind untergetauchte Blätter so angepasst, dass sie gelöstes Kohlenstoffdioxid aus dem Wasser aufnehmen können. Hydrophyten wachsen an feuchten Standorten. Hier muss die Transpiration trotz der hohen Luftfeuchtigkeit bestehen bleiben, damit der Wassertransport in der Pflanze bestehen bleibt. Ihre Angepasstheiten ermöglichen eine gesteigerte Transpiration. Ein wichtiges Prinzip ist hierbei z. B. die Oberflächenvergrößerung. Hygrophyten haben große Blätter und ihre Epidermis ist zu zahlreichen toten Haaren ausgestülpt. Bei Xerophyten ist das Gegenteil der Fall. Sie wachsen an trockenen, heißen Standorten und zeigen Angepasstheiten, die die Transpiration vermindern und so ein Austrocknen verhindern. Dafür haben sie z. B. kleine Blätter und eingesenkte Spaltöffnungen, die von toten Haaren überdeckt werden. Zudem sind ihre Sprossachsen und Blätter so angepasst, dass sie Wasser speichern können.

Seite 69 (Material)

Material A – Wasserverfügbarkeit und Pflanzenwachstum

A1 Formuliere eine Hypothese, die mit diesem Versuch überprüft werden soll!
Verschiedene Pflanzenarten haben unterschiedliche Ansprüche an die Wasserverfügbarkeit.

A2 Beschreibe die Versuchsergebnisse!
Durch die Löcher am unteren Rand der Pflanzschale und das Filterpapier unter der Erde entspricht der vordere Bereich einem Sumpf, der hintere Bereich einer Wüste. Einige Wochen nach dem Bepflanzen erkennt man, dass die Pflanzenarten an unterschiedlichen Stellen in der Pflanzschale wachsen. Die Pflanzenarten wachsen vor allem im mittleren Bereich der Pflanzschale. Die Brunnenkresse wächst auch im unteren Bereich der Pflanzschale. Der Weizen wächst hingegen vor allem im oberen Bereich. Ganz oben und ganz unten in der Pflanzschale wächst keine der Pflanzenarten.

 Gestufte Hilfe: Beurteile zunächst, wie sich die Wasserverfügbarkeit vom unteren zum oberen Teil der Pflanzschale entwickelt!

A3 Erkläre den Zusammenhang zwischen Wasserverfügbarkeit und Wachstum der Pflanzen.
Der Versuch zeigt, dass die Pflanzenarten unterschiedliche Ansprüche an die Wasserverfügbarkeit haben. Das beste Wachstum zeigt sich im mittleren Bereichen, zwischen mäßig feucht und mäßig trocken. Die Brunnenkresse toleriert mehr Feuchtigkeit, der Weizen dagegen mehr Trockenheit. Dies zeigt, dass verschiedene Pflanzenarten im Hinblick auf die Wasserverfügbarkeit unterschiedlich angepasst sind. Einige wachsen besser bei hoher Wasserverfügbarkeit, andere benötigen eine gewisse Trockenheit. In der Pflanzschale erkennt man aber, dass alle Pflanzen eine gewisse Toleranz aufweisen. Sie decken einen Bereich ab, in dem sich die Wasserverfügbarkeit innerhalb gewisser Grenzen verändert. Extreme Feuchtigkeit oder Trockenheit erträgt keine der Pflanzen.

(Tabelle zu Seite 67 Aufgabe 1)

	Hydrophyten	**Hygrophyten**	**Xerophyten**
Lebensraum	im oder auf dem Wasser	feuchte Standorte	trockene, heiße Standorte
Blätter	große Zellzwischenräume, Schwimmblätter mit Spaltöffnungen auf oberer Epidermis, untergetauchte Blätter dünn	groß, dünn, Epidermis mit lebenden Haaren, Spaltöffnungen herausgehoben	klein, mehrschichtige Epidermis mit dicker Kutikula, Spaltöffnungen eingesenkt und von toten Haaren überdeckt, Wasserspeicherung möglich
Sprossachsen	große Zellzwischenräume	–	Wasserspeicherung möglich
Wurzeln	–	–	oft großflächig verzweigt
Transpiration	bei Schwimmblättern über Spaltöffnungen in oberer Epidermis	erschwert in Lebensraum mit hoher Luftfeuchtigkeit, wird gesteigert durch: große Blätter, Oberflächenvergrößerung durch lebende Haare, herausgehobene Spaltöffnungen	hoch in heißen Lebensräumen, wird vermindert durch: kleine Blätter, dicke Kutikula, mehrschichtige Epidermis, eingesenkte Spaltöffnungen, tote Haare
Gasaustausch	bei Schwimmblättern über Spaltöffnungen in oberer Epidermis, untergetauchte Blättern nehmen CO_2 aus dem Wasser auf	über Spaltöffnungen	über Spaltöffnungen
spezielle Angepasstheit	–	Abgabe ganzer Wassertropfen bei hoher Luftfeuchtigkeit	Wasserspeicherung in Blättern und Sprossachse

Material B – Transpiration bei der Sonnenblume

B1 Beschreibe das Diagramm zur Transpiration bei der Sonnenblume!

Das Kurvendiagramm zeigt, wie sich die Wasserabgabe (in Gramm pro Stunde, g/h) bei einer Sonnenblume im Tagesverlauf entwickelt. Um 6 Uhr morgens liegt die Wasserabgabe noch bei etwa 2 g/h. Bis 12 Uhr steigt die Kurve steil auf etwa 23 g/h an. Bis 16 Uhr bleibt die Wasserabgabe bei einer Menge von 23–24 g/h. Anschließend fällt die Kurve wieder steil ab. um 22 Uhr liegt die Wasserabgabe wieder ungefähr bei dem morgendlichen Ausgangswert von 2–3 g/h. In der Nacht schwankt die Wasserdampfabgabe. Ihr Minimum erreicht sie um 2 Uhr mit etwa 0,5 g/h.

B2 Erkläre den Verlauf der Kurve!

Die Wasserdampfabgabe, also die Transpiration, nimmt im Laufe des Vormittags zu und erreicht in der Mittagszeit ihr Maximum. Mittags steht die Sonne am höchsten und erzeugt die stärkste Hitze. Mit steigender Lichtintensität und Temperatur sinkt die Luftfeuchtigkeit. Diese drei Faktoren führen dazu, dass die Transpiration zur Mittagszeit hin deutlich ansteigt und ihre Tageshöchstwerte erreicht. Im Laufe des Nachmittags verringert sich die Transpiration wieder, weil die Intensität der Sonneneinstrahlung bis zum Abend kontinuierlich abnimmt. In der Nacht ist die Transpiration der Sonnenblume niedriger als am Tag, da die Sonne fehlt und die Temperaturen sinken.

Die Schwankungen der Transpiration im Tagesverlauf kommen vor allem durch Faktoren wie schwankende Temperaturen und Luftbewegungen zustande.

Hinweis: Bedingung für diese Transpirationskurve ist eine ausreichende Wasserversorgung.

Zusatzinformation: Luftbewegungen beeinflussen die Transpiration, indem sie den Wasserdampf abtransportieren und so die Feuchtigkeit unmittelbar über den Spaltöffnungen verringern. Nachts spielt auch die Kohlenstoffdioxidkonzentration in der Pflanze eine Rolle. Die Transpiration steigt gegen 22 Uhr wieder leicht an, da sich die Kohlenstoffdioxidkonzentration in der Pflanze infolge der Fotosynthese verringert und sich die Spaltöffnungen öffnen, sodass erneut Kohlenstoffdioxid aufgenommen werden kann.

B3 Erläutere die Regulation der Transpiration im Tagesverlauf!

Die Transpiration wird durch das Öffnen und Schließen der Spaltöffnungen reguliert. Steigen Lichtintensität und Temperatur zum Mittag hin, während die Luftfeuchtigkeit abnimmt, steigt die Transpiration der Pflanze. Dadurch nimmt der Wassergehalt in den Schließzellen ab, woraufhin diese ihre Krümmung verlieren und in eine gerade Form übergehen. So schließen sich die Spaltöffnungen und die Transpiration nimmt ab. Steigt der Wassergehalt in der Pflanze wieder, öffnen sich die Spaltöffnungen. Nachts bleibt die Transpiration trotz geöffneter Spaltöffnungen wegen der fehlenden Sonneneinstrahlung gering.

Umweltfaktor Temperatur

Seite 70–72

1 Fasse die Aussagen der beiden Regeln zusammen!
Die ALLENsche Regel besagt, dass bei gleichwarmen Tierarten aus kalten Klimazonen Ohren, Beine und Schwanz im Vergleich zur Körpergröße kürzer sind als bei verwandten Arten in wärmeren Zonen. Damit ist die Körperoberfläche, über die Wärme verloren geht, kleiner. Andersrum geben Tiere in wärmeren Klimazonen über ihre in Relation zur Körpergröße größeren Körperanhänge überschüssige Wärme ab.
Die BERGMANNsche Regel besagt, dass gleichwarme Tierarten aus kalten Klimazonen größer sind als verwandte Arten in wärmeren Zonen. Mit der Körpergröße nimmt das Köpervolumen mehr zu als die Körperoberfläche. So wird vom Körper mehr Wärme erzeugt und weniger abgegeben. Andersrum geben Tiere in wärmeren Klimazonen mit kleinerer Körpergröße mit ihrer in Relation zum Körpervolumen größeren Körperoberfläche überschüssige Wärme ab.

Seite 73 (Material)

Versuch A – Modellversuch zur BERGMANNschen Regel

A1 Stelle die Messwerte grafisch dar!
individuelle Schülerlösung
Hinweis: Sinnvoll ist ein Kurvendiagramm mit der Achsenbeschriftung x = Zeit in Minuten und y = Temperatur in °C. Erwartungsgemäß sinkt die Temperatur der kleinen Kartoffel schneller als die der großen.

 Gestufte Hilfe: Vorgabe des Diagrammtyps und der Achsenbeschriftung.

A2 Deute die Ergebnisse und stelle Bezüge zu den realen Verhältnissen her!
Die größere Kartoffel kühlt langsamer ab als die kleine. Dies lässt sich auf die BERGMANNsche Regel übertragen. Größere Körper kühlen langsamer aus, da sie relativ zu ihrer Körperoberfläche viel Körpervolumen haben, in dem Wärme produziert und gespeichert wird. Da die Körperoberfläche relativ zum Körpervolumen klein ist, wird weniger Wärme abgegeben. Kleinere Körper haben in Relation zum Körpervolumen eine große Körperoberfläche. Damit können sie weniger Wärme produzieren und speichern und geben mehr Wärme ab. Dieser Effekt führt dazu, dass Tierarten in kälteren Klimazonen größer sind als verwandte Arten in wärmeren Zonen. Dies stellt eine Angepasstheit an die Temperaturen in den jeweiligen Lebensräumen dar.

Versuch B – Modellversuch zur ALLENschen Regel

B1 Übertrage die Messwerte in ein Koordinatensystem!
individuelle Schülerlösung
Hinweis: Sinnvoll ist ein Kurvendiagramm mit der Achsenbeschriftung x = Zeit in Minuten und y = Wassertemperatur in °C. Erwartungsgemäß sinkt die Temperatur des Wassers in dem Gefäß mit den Löffeln schneller als in dem Gefäß ohne Löffel.

 Gestufte Hilfe: Vorgabe des Diagrammtyps und der Achsenbeschriftung.

B2 Deute das Ergebnis!
Die Wassertemperatur des Gefäßes mit den zwei Löffeln nimmt im Messzeitraum schneller ab als die des Gefäßes ohne Löffel. Zurückzuführen ist dieses Ergebnis auf die Wärmeabstrahlung über die Oberfläche der Gefäße und der Löffel. Die Messergebnisse stellen die Allensche Regel modellhaft dar. Durch die Löffel wird die wärmeabstrahlende Oberfläche vergrößert. Dies lässt sich auf die Körperanhänge von wechselwarmen Tieren übertragen: Je größer die Körperanhänge in Relation zur Körpergröße, desto mehr Wärme wird abgestrahlt.

B3 Begründe mithilfe des Modellversuchs das unterschiedliche Aussehen von Polarfuchs und Wüstenfuchs!
In Relation zu der Körpergröße sind Ohren, Beine und Schwanz bei dem in der Arktis lebenden Polarfuchs kürzer als bei dem in der Wüste lebenden Wüstenfuchs. Der Grund für die morphologischen Unterschiede ist, dass Körperanhänge zu einer Vergrößerung der Körperoberfläche beitragen. Kleine Ohren und Beine reduzieren den Wärmeverlust und sind somit wie bei dem Polarfuchs eine Angepasstheit der Tiere in kalten Klimazonen. Beim Wüstenfuchs ermögliche dagegen Ohren, Beine und Schwanz die Abgabe überschüssiger Wärme.
Hinweis: Der Vergleich von Polarfuchs und Wüstenfuchs ist ein gebräuchliches Beispiel für die Allensche Regel. Weitere ökologische Untersuchungen ergeben jedoch, dass die Regel beim Wüstenfuchs nur bedingt zutrifft. Wüstenfüchse sind nachtaktiv und gehen in den kühlen Nachtstunden auf Nahrungssuche. Die großen Ohren scheinen daher nicht unbedingt eine Angepasstheit an hohe Temperaturen zu sein, sondern könnten im Zusammenhang mit einer gesteigerten Sinnesleistung stehen.

3 Biotische Umweltfaktoren

Interspezifische Beziehungen

Seite 74–77

1 Erläutere den Begriff ökologische Nische!
Die ökologische Nische umfasst alle Beziehungen, die zwischen einer Art und ihrer Umwelt bestehen. Dazu zählen alle abiotischen und biotischen Umweltfaktoren, die für die Existenz einer Art wichtig sind, z. B. Art und Fundort der Nahrung. Arten sind auf ihre ökologischen Nischen festgelegt und wechseln diese nicht je nach Umweltbedingungen.

2 Erkläre den Zusammenhang zwischen Einnischung und Konkurrenzvermeidung!
Die Einnischung von Arten führt zur Konkurrenzvermeidung. Spezialisieren sich Arten, die gemeinsam in einem Gebiet leben, auf eine unterschiedliche Nutzung der Umwelt, stehen sie zueinander nicht in direkter Konkurrenz um Ressourcen. Dies kann bedeuten, dass sie unterschiedliche Ressourcen oder aber die gleichen Ressourcen zu unterschiedlichen Zeiten oder an unterschiedlichen Fundorten nutzen. Nur so können sie langfristig zur selben Zeit am selben Ort vorkommen.

3 Begründe anhand von Abbildung 03, die Mechanismen, die ein Zusammenleben der Wattvögel im selben Gebiet ermöglichen!
Die Wattvögel können langfristig zur selben Zeit im selben Gebiet leben, weil sich die Arten in ihrer Ernährungsweise spezialisiert haben. Die Nahrungszusammensetzung unterscheidet sich und sie suchen ihre Nahrung in unterschiedlichen Wattbereichen und Bodentiefen. Die Einnischung zeigt sich auch darin, dass sich die Wattvögel in der Gestalt ihrer Schnäbel und anderen Merkmalen unterscheiden. Da sie in ihren Merkmalen an ihre spezialisierte Nahrungssuche angepasst sind, kann es kaum zu Konkurrenz kommen.

4 Formuliere vier Je-desto-Sätze zur Räuber-Beute-Beziehung von Buntspechten und Borkenkäfern!
Je mehr Borkenkäfer, desto mehr Buntspechte. Je mehr Buntspechte, desto weniger Borkenkäfer. Je weniger Borkenkäfer, desto weniger Buntspechte. Je weniger Buntspechte, desto mehr Borkenkäfer.

5 Erläutere den wesentlichen Unterschied zwischen Symbiose und Parasitismus!
Eine Symbiose ist eine Lebensgemeinschaft von Lebewesen verschiedener Arten, in der beide Partner voneinander profitieren. Beim Parasitismus profitiert hingegen nur einer der Partner (der Parasit), während der andere Partner (der Wirt) Schaden nimmt. Der wesentliche Unterschied liegt also darin, ob die Wechselbeziehung beidseitig oder nur einseitig vorteilhaft ist.

Seite 78–79 (Material)

Material A – Räuber-Beute-Beziehungen

A1 Beschreibe die Entwicklung der im Diagramm dargestellten Individuenzahl von Baummadern und Eichhörnchen!
Das Kurvendiagramm zeigt die Individuenanzahlen von Baummardern und Eichhörnchen auf einer Versuchsfläche im Laufe von sieben Jahren. Die Anzahl der Baummarder schwankt gleichmäßig zwischen zwei und zehn Tieren. Die Anzahl der Eichhörnchen schwankt gleichmäßig zwischen 100 und 300 Tieren. Es gibt also immer mehr Eichhörnchen als Baummarder. Nach jedem Maximum der Anzahl an Eichhörnchen folgt etwa drei Monate später ein Maximum der Anzahl an Baummardern. Ist die Anzahl der Baummarder angestiegen, beginnt die Anzahl der Eichhörnchen zu sinken. Ist deren Anzahl auf etwa 250 Tiere abgefallen, sinkt auch die Anzahl der Baummarder wieder. Sobald die Anzahl der Baummarder wieder auf etwa fünf Tiere gefallen ist, kommt es wieder zu einem Anstieg der Anzahl der Eichhörnchen.

 Gestufte Hilfe: Bilde zuerst Je-desto-Sätze, um die Beziehung zwischen Räuber und Beute zu verdeutlichen!

A2 Erläutere die Gründe für die schwankende Entwicklung der Populationen!
Der Baummarder ernährt sich von Eichhörnchen. Er ist der Räuber und das Eichhörnchen die Beute. Durch diese Nahrungsbeziehung sind die Populationen voneinander abhängig. Wenn es viele Eichhörnchen in einem Wald gibt, steht für die Baummarder viel Nahrung zur Verfügung, sodass viele der Jungen überleben und die Anzahl der Baummarder ebenfalls ansteigt. Durch die gestiegene Anzahl der Baummarder, die alle auf der Jagd nach Eichhörnchen sind, sinkt die Anzahl der Eichhörnchen. Als Folge der geringeren Anzahl an Eichhörnchen sinkt die Anzahl der Baummarder wieder, da sie weniger zu fressen haben und somit weniger Junge überleben. Nun erhöht sich die Anzahl der Eichhörnchen wieder.

A3 In einem natürlichen Wald folgt die Entwicklung einer Eichhörnchen- und einer Baummaderpopulation nicht dem dargestellten Kurvenverlauf. Stelle eine begründete Vermutung über die Gründe dafür auf!
In einem natürlichen Wald werden die Eichhörnchen nicht gefüttert. Zudem werden sie nicht nur von Baummardern gefressen, sondern zum Beispiel auch vom Waldkauz. Gibt es viele Eichhörnchen, erhöht sich deshalb nicht gleichermaßen die Anzahl der Baummarder. Auch der Baummarder hat in einem natürlichen Wald mehrere Nahrungsquellen. Er frisst neben Eichhörnchen zum Beispiel

auch Holunder, andere kleine Säugetiere und Vögel. Sinkt die Zahl der Eichhörnchen, nutzt der Baummarder andere Nahrungsquellen. Deshalb muss die Anzahl der Baummarder nicht geringer werden, wenn es weniger Eichhörnchen gibt.

 Gestufte Hilfe: Hinweis auf die vielfältigen Nahrungsbeziehungen im Ökosystem.

Material B – Beutefang bei Meisen

B1 Beschreibe die dargestellten Ergebnisse!
Die Abbildung zeigt, dass die drei Meisenarten ihre Beute in verschiedenen Bereichen fangen: die Blaumeise am Rand der Baumkronen im Bereich dünner Zweige, die Sumpfmeise im zentralen Bereich der Baumkronen im Bereich dickerer Äste und die Kohlmeise vor allem an Büschen und am Boden, vereinzelt aber auch in Baumkronen im Bereich der stammnahen, stärksten Äste. Die Größe der Beute variiert ebenfalls: Blaumeisen erbeuten Tiere mit ein bis acht Millimeter Länge, Sumpfmeisen und Kohlmeisen zwischen zwei und acht Millimeter. Die Blaumeise fängt in allen Bereichen die kleinsten Beutetiere mit nur einem Millimeter Länge. Im Bereich der Äste und Zweige erreicht ihre Beute nur drei beziehungsweise fünf Millimeter Länge. Die Kohlmeise fängt in allen Bereichen die größten Beutetiere mit bis zu acht Millimeter Länge. Im Bereich der Äste besitzt ihre kleinste Beute eine Mindestlänge von sechs Millimeter, in Sträuchern sind ihre kleinsten Beutetiere mindestens vier Millimeter lang.

B2 Erläutere den Zusammenhang zwischen eigener Körpermasse, Beutegröße und bevorzugtem Fangort der drei Meisenarten im Hinblick auf ihre Konkurrenz!
Die Blaumeise fängt als leichteste Art die kleinsten Beutetiere, die Kohlmeise als schwerste Art die größten. Die Sumpfmeise liegt in Körpermasse und Beutegröße dazwischen. Alle drei Arten fangen jedoch auch gleich große Beutetiere, vor allem mittlerer Größe, wodurch es zu einer Konkurrenz in der Ernährungsweise kommen könnte. Da sie aber an unterschiedlichen Orten auf Beutefang gehen, kommt es zur Vermeidung einer direkten Konkurrenz, so dass die drei Meisenarten in einem Lebensraum gemeinsam leben können.

Material C – Einnischung bei Reiherente und Löffelente

C1 Beschreibe die beiden Entenarten in Bezug auf Gestalt, Nahrung und Ernährungsweise!
Die Reiherente ist eine Tauchente, die relativ klein und kompakt gebaut ist. Auffällig sind der relativ kurze Schnabel und der runde Kopf. Ihre Nahrung besteht zu etwa 60 Prozent aus Schnecken und Muscheln, zu 30 Prozent aus anderen Kleintieren wie Insekten und zu etwa 10 Prozent aus Pflanzen. Bei der Nahrungssuche taucht die Reiherente bis zu zwei Meter tief zum Boden eines Sees.

Die Löffelente ist etwas größer als die Reiherente und weniger rundlich. Auffällig ist der relativ große, löffelartig verbreiterte Schnabel. Zur Nahrungsaufnahme durchseiht die Löffelenten mit vorgestrecktem Hals die obersten Wasserschichten. Ihre Nahrung besteht zur Hälfte aus tierlichen und pflanzlichen Anteilen. Dazu gehören auch Schnecken und Muscheln.

C2 Begründe das Zusammenleben beider Arten mit dem Konkurrenzausschlussprinzip!
Die beiden Entenarten zeigen deutliche Unterschiede in der Art der Nahrungsaufnahme und die Orte der Nahrungssuche. Dies lässt sich auch an ihrem Körperbau erkennen. Auch die Zusammensetzung der Nahrung unterscheidet sich. Zwar ernähren sich beide Arten zu einem großen Anteil von Schnecken und Muscheln, doch die Löffelente ernährt sich zusätzlich von Pflanzen, während die Reiherente hauptsächlich tierliche Nahrung zu sich nimm. Die beiden Entenarten vermeiden also bezüglich der Nahrungsaufnahme, der Nahrungssuche und der Nahrungszusammensetzung weitgehend die Konkurrenz. Nach dem Konkurrenzausschlussprinzip können sie nur so in einem Lebensraum nebeneinander existieren.

Material D – Konkurrenz zwischen Raubvögeln

D1 Stelle die Umweltwechselwirkungen „Aufenthaltsort", „Ernährungsweise", „Aktivitätszeit" und „Brutplatz" von Waldkauz und Habicht in einer Grafik entsprechend der Abbildung 03 auf Seite 189 dar!

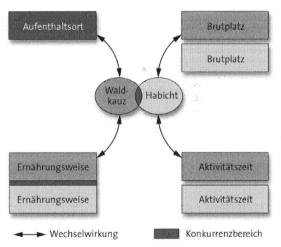

Zusatzinformation: Die Bereiche „Brutplatz" und „Aktivitätszeit" überschneiden sich nicht. Der Bereich „Ernährungsweise" zeigt eine kleine Überschneidung, der Bereich „Aufenthaltsort" überschneidet sich vollständig.

D2 Beschreibe die theoretische Konkurrenzsituation zwischen diesen Vogelarten!
Zwischen Waldkauz und Habicht besteht in den Bereichen „Aktivitätszeit" und „Brutplatz" keine Konkurrenz. Im Bereich „Ernährungsweise" besteht eine geringe, im Bereich „Aufenthaltsort" eine vollständige Konkurrenz.

Zwischen Waldkauz und Waldohreule besteht im Bereich „Brutplatz" keine Konkurrenz. Im Bereich „Aufenthaltsort" besteht eine teilweise, im Bereich „Ernährungsweise" eine große und im Bereich „Aktivitätszeit" eine vollständige Konkurrenz. Zwischen Waldohreule und Habicht besteht im Bereich „Aktivitätszeit" keine Konkurrenz. Im Bereich „Ernährungsweise" besteht eine geringe, in den Bereichen „Brutplatz" und „Aufenthaltsort" eine teilweise Konkurrenz.

D3 Stelle eine Vermutung an, ob diese drei Arten in einem Gebiet dauerhaft gemeinsam leben könnten!
Grundsätzlich ist eine dauerhafte Koexistenz dieser drei Arten in einem Gebiet möglich, da keine Art mit einer anderen in vollständiger Konkurrenz in allen Bereichen steht. Durch die Anwesenheit anderer Arten mit ähnlichen oder identischen Ansprüchen an Ernährungsweise und Aktivitätszeiten werden die insgesamt zur Verfügung stehenden Ressourcen jedoch weiter eingeschränkt, sodass sich die Anzahlen der Individuen pro Art gegenseitig begrenzen.

Intraspezifische Beziehungen

Seite 80–82

1 Beschreibe den Zusammenhang zwischen Anzahl der Nachkommen und Grad der Brutpflege bei verschiedenen Tiergruppen!
Die Fortpflanzungsstrategie von Tieren besteht darin, möglichst viele überlebens- und fortpflanzungsfähige Nachkommen hervorzubringen und so ihre Gene an die nachkommenden Generationen weiterzugeben. Im Allgemeinen gilt: Je mehr Nachkommen eine Tierart hat, desto geringer ist der Grad der Brutpflege. Viele Wirbellose, Fische und Lurche legen viele Eier und bringen damit eine große Anzahl an Nachkommen hervor. Auch wenn einige der Nachkommen nicht lange überleben, werden viele Nachkommen sich erfolgreich fortpflanzen. Viele Säugetiere, Vögel und Reptilien bringen dagegen nur wenige Nachkommen zu Welt. Um deren Überleben zu sichern, betreiben die meisten Tiere Brutpflege.

 Überlege zunächst, welchen Unterschied es für das Überleben der Nachkommen macht, ob Blutpflege betrieben wird oder nicht!

2 Nenne Vorteile und Nachteile, die aus dem Zusammenleben in Tierverbänden entstehen!
Vorteile: In einem Tierverband ist jedes Individuum besser vor Räubern geschützt. Das ist zum einen so, weil Beutetiere ihre Angreifer gemeinsam abwehren können, und zum anderen, weil das Risiko eines Angriffs für das einzelne Individuum geringer ist, wenn es von anderen Individuen umgeben ist. Viele Tierarten wie Honigbienen, Fledermäuse und viele Primaten betreiben gemeinsame Brutpflege. So steigen auch die Überlebenschancen der Nachkommen. Handelt es sich um größere Tierverbände wie Sippen oder Schwärme, in dem die Individuen nur entfernt oder gar nicht miteinander verwandt sind, ergibt sich auch ein Vorteil für die Suche nach Fortpflanzungspartnern.
Nachteile: In einem Tierverband herrscht intraspezifische Konkurrenz. Jedes Individuum steht im engen Wettbewerb um überlebenswichtige Ressourcen wie Nahrung. Auch der Wettbewerb um Fortpflanzungspartner ist stärker, wenn viele Individuen verfügbar sind.

3 In einem angepflanzten Fichtenforst mit einer einheitlichen Baumhöhe findet man nur wenige Fichtenkeimlinge. Erkläre diesen Sachverhalt!
Im angepflanzten Fichtenforst trifft das ganze Jahr über nur wenig Sonnenlicht auf den Boden, da die Beschattung durch die Benadelung der Bäume weitgehend konstant bleibt. Unter diesen Bedingungen können Fichtenkeimlinge nicht gedeihen.
In aufgeforsteten Wäldern sind die Bäume größtenteils im gleichen Alter. Daher sterben selten Bäume ab und es bilden sich kaum Lichtungen, in denen Keimlinge Licht bekämen und wachsen könnten. Zudem werden Forste meist eng bepflanzt, sodass die intraspezifische Konkurrenz um Wasser, Mineralstoffe und Licht sehr groß ist und junge Keimlinge nicht neben den älteren Fichten bestehen können.

Seite 83 (Material)

Versuch A – Gruppenbildung bei Pinguinen

A1 Stelle die Messergebnisse in einem Diagramm dar!
individuelle Schülerlösung
Hinweis: Sinnvoll ist ein Kurvendiagramm mit der Achsenbeschriftung x = Zeit in Minuten und y = Wassertemperatur in °C. Erwartungsgemäß sinkt die Temperatur in dem separaten Reagenzglas am schnellsten. Darauf folgt die Temperatur im Reagenzglas an Rand. Die Temperatur im mittigen Reagenzglas sinkt am langsamsten.

 Gestufte Hilfe: Vorgabe des Diagrammtyps und der Achsenbeschriftung.

A2 Werte den Modellversuch aus!
Die Temperatur des Wassers im separaten Reagenzglas sinkt am schnellsten. Darauf folg die Temperatur des Wassers im Reagenzglas am Rand. Die Wassertemperatur im mittigen Reagenzglas sinkt am langsamsten. Vom mittige Reagenzglas wird weniger Wärme abgegeben, da es von anderen Reagenzgläsern umgeben ist, die Wasser der gleichen Temperatur enthalten. Im Gegensatz dazu ist das separate Reagenzglas von Luft mit Zimmertemperatur umgeben und gibt mehr Wärme an die Umgebung ab. Die Reagenzgläser am Rand geben zu ihrer freistehenden Seite hin Wärme an die Umgebungsluft ab. Sie sind aber auch teilweise von gleichwarmen Reagenzgläsern umgeben, wodurch die Wärmeabgabe verzögert wird.

A3 Erkläre das Verhalten der Pinguine mithilfe des Modellversuchs!

Mit den Erkenntnissen aus dem Modellversuch lässt sich die Gruppenbildung der Pinguine erklären. In der Antarktis herrschen extrem niedrige Temperaturen. Pinguine sind gleichwarm und müssen sich bei kalten Außentemperaturen möglichst warmhalten. Durch das Aneinanderdrängen innerhalb der Gruppe kann der Wärmeverlust minimiert werden. Mittig stehende Pinguine haben dabei einen geringeren Wärmeverlust als die Pinguine am Rand der Gruppe.

Zusatzinformation: Die Pinguine bewegen sich in regelmäßigen Zeitabständen um wenige Schritte, wodurch es zu einer Durchmischung kommt.

A4 Nenne weitere Vorteile, die aus der Gruppenbildung entstehen!

Pinguine kommen nur zur Fortpflanzung an Land und bilden dann Brutkolonien. Die Gruppenbildung dient hauptsächlich dem Kälteschutz. Zusätzlich sind die Pinguine und ihr Nachwuchs in der Gruppe besser vor Feinden geschützt. An Land sind vor allem die Küken durch Feinde wie Raubmöwen gefährdet.

Material B – Sexualdimorphismus im Tierreich

B1 Erläutere den Begriff Sexualdimorphismus!

Als Sexualdimorphismus bezeichnet man deutliche Unterschiede im Aussehen und im Verhalten zwischen männlichen und weiblichen Individuen derselben Art. Diese sind unter anderem durch Unterschiede im Fortpflanzungsverhalten begründet.

Zusatzinformation: Sexualdimorphismus beschreibt Unterschieden im Aussehen (z. B. Größe, Gestalt, Färbung), im Verhalten (z. B. Balz, Nestbau, Brutpflege) und auch in der Physiologie (z. B. Hormone, Pheromone). Das Phänomen beschränkt sich auf Unterschiede in den sekundären Geschlechtsmerkmalen und umfasst nicht die Unterschiede der Geschlechtsorgane.

B2 Erläutere den entscheidenden Unterschied in der Fortpflanzungsstrategie von Männchen und Weibchen!

Bei vielen Tierarten können Männchen potentiell deutlich mehr Nachkommen zeugen als Weibchen. Das liegt daran, dass Männchen täglich viele Spermien produzieren können. Die Zahl reifer Eizellen ist beim Weibchen hingegen begrenzt. Männchen pflanzen sich daher möglichst viel fort, während Weibchen bei der Suche nach Fortpflanzungspartnern wählerischer sind. Unterschiede im Aussehen und Verhalten lassen sich mit den Fortpflanzungsstrategien erklären. Männchen mit attraktiven Merkmalen paaren sich in der Regel häufiger. Weibchen kümmern sich dagegen vermehrt um ihre Nachkommen.

B3 Stelle Vermutungen über die Ausprägung von Sexualdimorphismus beim Menschen an!

Männer und Frauen unterscheiden sich in ihrem Aussehen (genauer: in den sekundären Geschlechtsmerkmalen). Dafür können einige Beispiele genannt werden: Männer zeigen in der Regel mehr Brust- und Bartbehaarung. Zudem sind sie häufig größer und breiter gebaut. Frauen wachsen Brüste, in denen nach der Geburt Milch produziert wird. Außerdem haben sie ein breiteres Becken als Männer. Somit liegt auch beim Menschen Sexualdimorphismus vor.

4 Ökosystem See

Zonierung eines Sees

Seite 84–86

1 Beschreibe die in Abbildung 02 dargestellte Einteilung eines Sees!
Ein See umfasst den Seeboden und das Freiwasser. Den Seeboden unterteilt man in eine Uferzone, die bis in etwa acht Meter Tiefe reicht, und eine Tiefenzone. Das Freiwasser gliedert man in eine Oberflächenwasserzone, die vom Licht durchflutet wird, und eine dunkle Tiefenwasserzone. Die Grenze zwischen diesen beiden Zonen entspricht der Grenze zwischen Uferzone und Tiefenzone.

2 Vergleiche tabellarisch die verschiedenen Lebensgemeinschaften des Freiwassers!

Wasseroberfläche	Oberflächenwasserzone	Tiefenwasserzone
• Lebewesen, die sich auf der Wasseroberfläche oder direkt darunter aufhalten. • Beispiele: Wasserläufer, Stechmückenlarven	• Mikroskopisch kleine Lebewesen, die im Wasser schweben. • Beispiele: Algen = Pflanzenplankton, Wasserflöhe = Tierplankton • Größere Lebewesen, die sich aktiv im Wasser bewegen. • Beispiel: Fische	• Einige Arten des Tierplanktons. • Einige Fischarten.

 Gestufte Hilfe: Zonen des Freiwassers vorgeben

Seite 87 (Material)

Material A – Seezonierung

A1 Nenne die mit A bis C bezeichneten Bereiche und ordne jedem Bereich zwei typische Pflanzen zu!
A = Bruchwaldzone, Erle und Weide; B = Röhrichtzone, Schilfrohr und Rohrkolben; C = Schwimmblattzone, See- und Teichrose
Hinweis: Die Seggenzone fehlt in der Abbildung. Die Pflanzensymbole in A weisen aber auf einen Bruchwald hin und die Tiefengrenze von Zone B mit zwei Metern schließt die Seggenzone aus.

A2 Beschreibe die abiotischen Umweltfaktoren im Bereich B!
Der Bereich B, die Röhrichtzone, ist dauerhaft überschwemmt. Das Wasser ist hier bis zu zwei Meter tief. Der Boden ist vollkommen von Wasser durchdrungen und deshalb locker und sauerstoffarm. An und über der Wasseroberfläche sind die Pflanzen dieser Zone Wellenschlag und Wind ausgesetzt.

 Gestufte Hilfe: Bereich B ist die Röhrichtzone

A3 Begründe das Vorkommen von Pflanzen in den Bereichen D und E!
Im Bereich D sind zwar keine Pflanzen eingezeichnet, in einer Wassertiefe von vier bis zehn Metern können hier aber untergetauchte Pflanzen der Tauchblattzone wie die Wasserpest und auch Armleuchteralgen vorkommen. Außerdem umfasst dieser Tiefenbereich die Oberflächenwasserzone des Freiwassers, in der Pflanzenplankton vorkommt. Im Bereich E wird ebenfalls in der Oberflächenwasserzone Pflanzenplankton vorkommen. In einer Tiefe von zehn Metern sind aber die Bedingungen für Pflanzen wegen der zu geringen Lichteinstrahlung und dem zu hohen Wasserdruck ungeeignet.

 Gestufte Hilfe: Berücksichtige, dass auch im Plankton Pflanzen vorhanden sind und dass die Stärke der Belichtung von Bedeutung ist!

Material B – Wasserpflanzen

B1 Vergleiche tabellarisch den Bau der Laubblätter von Landpflanzen, Seerosen und der Wasserpest!

	Landpflanzen	Seerosen	Wasserpest
Obere Epidermis	• Einschichtig, mit flachen, dicht aneinandergrenzenden Zellen • Außenseite mit Kutikula • Keine Chloroplasten	• Einschichtig, mit flachen, dicht aneinandergrenzenden Zellen • Außenseite mit Kutikula • Epidermiszellen mit Chloroplasten • Zwischen den Epidermiszellen befinden sich Spaltöffnungen	• Einschichtig, mit großen, dicht aneinandergrenzenden Zellen • Keine Kutikula • Viele Chloroplasten • Keine Spaltöffnungen
Palisadengewebe	• Einschichtig, mit langgestreckten, senkrecht angeordneten Zellen • Viele Chloroplasten	• Mehrschichtig, mit langgestreckten Zellen • Hohlräume zwischen den Zellen • Viele Chloroplasten	• Keine Gliederung in Palisaden- und Schwammgewebe vorhanden • Die beiden Epidermisschichten laufen an den Blatträndern zusammen • In der Blattmitte befinden sich zwischen ihnen Hohlräume und ein Gewebe aus kleinen, dicht angeordneten Zellen mit wenig Chloroplasten
Schwammgewebe	• Mehrschichtig, zwischen den Zellen befinden sich luftgefüllte Hohlräume	• Mehrschichtig, zwischen den Zellen befinden sich große luftgefüllte Hohlräume • Das Schwammgewebe wird durch Festigungselemente stabilisiert	
Untere Epidermis	• Bau wie obere Epidermis • Zwischen den Epidermiszellen befinden sich Spaltöffnungen	• Bau wie obere Epidermis aber ohne Spaltöffnungen	• Bau wie obere Epidermis

 Gestufte Hilfe: Vorgabe des Aufbaus der Tabelle

B2 Erläutere den Zusammenhang von Struktur und Funktion am Beispiel des Blattbaus der abgebildeten Laubblätter!

Seerosenblätter: Die Blattoberseite wird von der Sonne bestrahlt. Durch die Kutikula der oberen Epidermis wird Austrocknung verhindert. Über die hier vorhandenen Spaltöffnungen kann Kohlenstoffdioxid aus der Luft aufgenommen und Sauerstoff in die Luft abgegeben werden. Die vielen Chloroplasten in der oberen Epidermis und dem darunter folgenden Gewebe ermöglichen eine sehr gute Aufnahme des Lichtes. Die großen Hohlräume im Schwammgewebe sind mit Luft gefüllt, wodurch die Blätter auf der Wasseroberfläche schwimmen. Die untere Epidermis verhindert mit ihrer Kutikula und dem Fehlen von Spaltöffnungen, dass Wasser von unten in die Blätter eindringen kann.

Wasserpestblätter: Untergetaucht lebende Pflanzen müssen nicht vor Austrocknung geschützt sein und können keinen Gasaustauch mit der Luft betreiben. Sie nehmen das Kohlenstoffdioxid aus dem Wasser auf und geben den Sauerstoff ins Wasser ab. Deshalb benötigen sie keine Kutikula und keine Spaltöffnungen. Das Vorhandensein vieler Chloroplasten in den beiden äußeren Zellschichten wird der aufgrund der Wassertiefe geringeren Lichteinstrahlung gerecht.

 Gestufte Hilfe: Vorgabe einer Beschreibung der abgebildeten Strukturen, an der die Schülerinnen und Schüler die Funktionen erläutern können.

B3 Stelle Vermutungen an, aus welchem Stoff die bei der Wasserpest sichtbaren Gasbläschen bestehen, und beschreibe wie es zu ihrer Bildung kommt!

Die bei der Wasserpest sichtbaren Gasbläschen müssen aus Sauerstoff bestehen. Dieser wird bei der Fotosynthese freigesetzt. Dabei wird mithilfe der Lichtenergie des Sonnenlichtes aus Kohlenstoffdioxid und Wasser Glukose aufgebaut. Als Nebenprodukt entsteht Sauerstoff. Das für die Fotosynthese nötige Kohlenstoffdioxid nimmt die Wasserpest mit ihren daran angepassten Blättern direkt aus dem Wasser auf.

Zusatzinformation: Wenn die Zellatmung vorherrscht, wird vorwiegend Kohlenstoffdioxid abgegeben. Im Dunkeln bestehen deshalb die abgegebenen Gasbläschen aus Kohlenstoffdioxid.

 Gestufte Hilfen:
Hilfe 1: Berücksichtige die Vorgänge, die bei der Fotosynthese ablaufen!
Hilfe 2: Vorgabe der Fotosynthesegleichung

Material C – Nahrungsbeziehungen

C1 Fertige eine beschriftete Skizze eines Seebeckens an, und ordne die abgebildeten Arten den Seezonen zu!

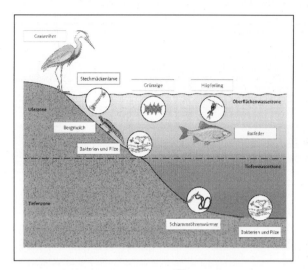

C2 Entwirf durch Einfügen von Pfeilen ein Schema der vermutlichen Nahrungsbeziehungen dieser Arten!

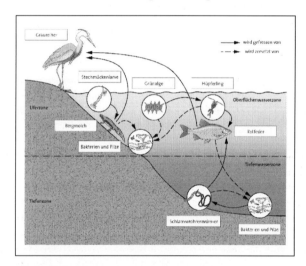

Der See im Jahresverlauf

Seite 91 (Material)

Material A – Dichteanomalie des Wassers

A1 Ordne die drei molekularen Darstellungen von Wasser B, C und D, den Temperaturen, 0 °C, 4 °C und 90 °C zu und begründe!
B = 4 °C, die Wassermoleküle sind dichter angeordnet als bei C und D. Wasser hat bei 4 °C seine höchste Dichte.
C = 0 °C, die Wassermoleküle sind über Wasserstoffbrückenbindungen zu einem regelmäßigen Gitter mit großen Hohlräumen verbunden. Dies ist im Eis der Fall.
D = 90 °C, die Wassermoleküle sind unregelmäßig angeordnet und weniger dicht als bei B.

A2 Nenne jeweils den genauen Dichtewert zu den drei Temperaturen!
Ablesewerte aus dem Diagramm: 0 °C = 0,915 g/cm³, 4 °C = 1,000 g/cm³, 90 °C = 0,965 g/cm³.

A3 Erläutere die Dichteanomalie des Wassers anhand von Diagramm A!
Das Diagramm zeigt, dass Wasser seine höchste Dichte im flüssigen Zustand bei 4 °C hat und dass die Dichte bei 0 °C, wenn es in den festen Zustand übergeht, stark abfällt. Dies ist im Vergleich zu anderen Stoffen nicht normal, denn diese haben im festen Zustand ihre höchste Dichte und zeigen im flüssigen Zustand bei steigender Temperatur eine stetige Dichteabnahme.

A4 Begründe das Überleben von Tieren in einem zugefrorenen See!
Da Eis eine geringere Dichte als flüssiges Wasser hat, bleibt es auf der Wasseroberfläche liegen. Seen sind wenigstens zwei Meter tief, sodass sie selbst in strengen Wintern nicht bis auf den Seegrund durchfrieren können. Deshalb ist auch in einem zugefrorenen See ausreichend flüssiges Wasser unter der Eisdecke vorhanden, in dem die Tiere eines Sees überleben können.

A5 Berechne das Volumen von einem Kilogramm Eis!
Die Dichte von Eis beträgt bei 0°C = 0,917 Gramm pro Kubikzentimeter. Mithilfe der Dichte, die das Verhältnis von Masse zu Volumen angibt, kann bei gegebener Masse das Volumen errechnet werden.
Volumen = Masse/Dichte = 1000 Gramm/0,917 Gramm pro Kubikzentimeter = 1090,51 Kubikzentimeter.
Zusatzinformation: Eine anschaulichere Einheit für das Volumen ist Liter. 1090 Kubikzentimeter entsprechen 1,090 Kubikdezimeter oder Liter.

Gestufte Hilfe: Verwende folgende Formel: Volumen = Masse/Dichte!

Material B – Jahresverlauf im See

B1 Benenne die Schichten 1 bis 3 der Abbildung A!
1 = Deckschicht, 2 = Sprungschicht, 3 = Tiefenschicht.

B2 Nenne die Wassertemperaturen der Schichten 1 bis 3 sowie im See der Abbildung B!
Abbildung A:
1 = 17 – 20 °C, 2 = 10 – 17 °C, 3 = 4 – 10 °C,
Abbildung B:
Eisschicht = 0 °C, unter der Eisschicht bis in etwa fünf Meter Tiefe = 1 – 4 °C, in mehr als fünf Meter Tiefe = 4 °C

B3 Begründe die teilweise Durchmischung des Wassers im Sommer und die ausbleibende Durchmischung im Winter!

Im Sommer erwärmt sich das Oberflächenwasser deutlich über 4 °C, wobei die Dichte des Wassers mit zunehmender Erwärmung abnimmt. Das erwärmte Wasser sinkt deshalb nicht nach unten, sondern bildet eine Deckschicht über dem darunter liegenden kühleren und dichteren Wasser. In der Deckschicht kann das vom Wind bewegte Wasser zirkulieren. Mit dem kühlen Wasser darunter findet jedoch kein Austausch statt. Deshalb findet die Durchmischung des Wassers im Sommer nur teilweise statt. Im Winter nimmt unterhalb der Eisdecke mit zunehmender Tiefe die Wassertemperatur von 0 °C bis maximal 4 °C zu. Damit ist eine Zunahme der Dichte des Wassers verbunden. Weil das Wasser mit der geringeren Dichte oben und das mit der höheren Dichte unten ist, bilden sich Wasserschichten mit unterschiedlichen Temperaturen. Wegen der Dichteunterschiede findet zwischen diesen keine Durchmischung statt. Die Eisdecke verhindert auch eine teilweise Durchmischung der oberen Wasserschichten durch Wind.

 Gestufte Hilfe: Berücksichtige vor allem die Dichte des Wasser und den Wind!

B4 Vergleiche die Veränderung des Sauerstoffgehalts mit der Wassertiefe im Sommer und Winter!

Im Sommer beträgt der Sauerstoffgehalt in der Deckschicht etwa 12 – 13 mg/l. Er nimmt in der Sprungschicht bis auf etwa 5 mg/l ab und sinkt mit zunehmender Tiefe bis auf 1 mg/l. Im Winter beträgt der Sauerstoffgehalt bis in eine Tiefe von 20 Metern 12 mg/l und nimmt mit zunehmender Tiefe auf einen Wert von etwa 7 mg/l ab.

B5 Stelle Vermutungen über die Temperaturverhältnisse in einem Gartenteich im Sommer und Winter an!

Da ein Gartenteich im Vergleich zu einem See nur eine geringe Tiefe aufweist, bildet sich keine Temperaturschichtung des Wassers aus. Im Sommer wird das gesamte Wasser entsprechend der Lufttemperatur erwärmt und im Winter abgekühlt. Ein Gartenteich kann deshalb in kalten Wintern auch bis auf den Grund zufrieren.

Energiefluss und Stoffkreisläufe im See

Seite 96–97 (Material)

Material A – Energieflussmodelle

A1 Nenne für jede Ernährungsebene von Modell A jeweils ein charakteristisches Lebewesen!
Produzenten: Wasserpest, Grünalgen
Konsumenten 1. Ordnung: Wasserflöhe, Kaulquappen
Konsumenten 2. Ordnung: Plötze, Rotfeder
Konsumenten 3. Ordnung: Hecht, Graureiher
Destruenten: Bakterien, Pilze

A2 Erkläre die Bedeutung der Pfeile 1 bis 6!
Die Pfeile 1 bis 5 zeigen die Energieabgabe durch Abstrahlen von Wärmeenergie auf jeder Ernährungsebene an. Pfeil 6 zeigt an, dass auch durch das Absterben von Destruenten totes organisches Material entsteht.

A3 Vergleiche die Modelle A und B!
Gemeinsamkeiten:
Auf jeder Ernährungsebene wird Wärmeenergie abgegeben. Von jeder Ernährungsebene wird chemische Energie in Form von totem organischem Material abgegeben. Der Energiefluss zwischen dem toten organischen Material und den Destruenten ist in beiden Modellen gleich.
Unterschiede:
Bei Modell A ist die Lichtenergie der Sonne die ausschließliche Energiequelle. Bei Modell B ist es die chemische Energie, die im toten organischen Material gespeichert ist, das aus der Umgebung eingetragen wird. In Modell B fehlen die Ernährungsebenen „Produzenten" und „Konsumenten 1. Ordnung", die Pflanzenfresser. In Modell B umfassen die Konsumenten zusätzlich die Ernährungsebenen „Faulschlammfresser" und „Bakterienfresser".

A4 Stelle Vermutungen zur Lage und Umgebung von Seen an, die ausschließlich Modell A oder B entsprechen!
Modell A: Ein See, der dem Energieflussmodell A entspricht, muss offen gelegen sein und in einer Umgebung ohne Vegetation liegen. Er hat keinen Zufluss, über den totes organisches Material eingetragen wird.
Modell B: Seen, die Modell B entsprechen, müssen im Dunkeln liegen, zum Beispiel ein unterirdischer See, in den über einen Zufluss totes organisches Material eingetragen wird.
Zusatzinformation: Aus Gründen der didaktischen Reduktion wird der Energiefluss im Ökosystem See allgemein meistens wie im Modell A dargestellt. Tatsächlich trifft für die meisten Seen aber eine Kombination aus beiden Modellen zu. Die beiden Modelle stellen deshalb Subsysteme des tatsächlichen Energieflusssystems dar. Modell A entspricht dem Phytophagensystem, Modell B dem Saprophagensystem. Modell A kann zum Beispiel ein sehr hoch gelegener Bergsee, ein Salzsee in einer Steppenlandschaft oder ein See in einem jungen Vulkankrater sein. Modell B käme auch ein kleiner See nahe, der in einem dichten Wald liegt und in den große Mengen an Falllaub eingetragen werden.

A5 Zeichne ein Energieflussmodell, das beide Aspekte des Energieeintrags vereinigt!

Modell A: Ein See, der dem Energieflussmodell A entspricht

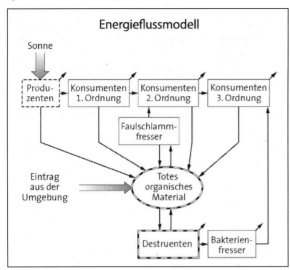

 Gestufte Hilfen:
Hilfe 1: Vorgabe des Rohschemas ohne Begriffe
Hilfe 2: Vorgabe der Begriffe

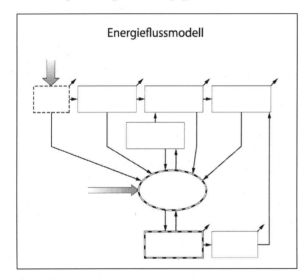

Material B – Biomassenpyramiden

B1 Ordne den Ernährungsebenen der beiden Ökosysteme folgende Lebewesen zu: Grünalgen, Buchfink, Eule, Plötze, Marder, Wasserfloh, Buche, Hecht!

Ökosystem Wald: Produzenten = Buche, Konsumenten 1. Ordnung – Buchfink, Konsumenten 2. Ordnung = Marder, Konsumenten 3. Ordnung = Eule

Ökosystem See: Produzenten = Grünalgen, Konsumenten 1. Ordnung = Wasserfloh, Konsumenten 2. Ordnung = Plötze, Konsumenten 3. Ordnung = Hecht

 Gestufte Hilfe: Vorgabe der Ernährungsebenen

B2 Erläutere die Begriffe Biomasse und Biomasseproduktion!

Biomasse ist die Masse organischer Stoffe, die in Lebewesen gebunden ist. Sie wird in einem Ökosystem als Masse einer bestimmten Fläche oder einer Volumeneinheit zu einem bestimmten Zeitpunkt angegeben.

Biomasseproduktion ist die Bildung von Biomasse auf einer bestimmten Fläche oder in einer bestimmten Volumeneinheit während einer bestimmten Zeitspanne.

B3 Vergleiche die Biomassen- und Biomasseproduktionspyramiden der Ökosysteme Wald und See und erkläre die Unterschiede!

Ökosystem Wald: Die Biomassen- und Biomasseproduktionspyramiden sind sehr ähnlich. Daraus lässt sich schließen, dass die Produktion von Biomasse auf allen Ernährungsebenen vergleichbar schnell erfolgt.

Ökosystem Wald: Die Biomassen- und Biomasseproduktionspyramiden sind sehr ähnlich. Die Produzenten (Pflanzen) stellen im Wald den größten Anteil der Biomasse. Entsprechend der Zehn-Prozent-Regel nimmt die Biomasse in den anderen Ernährungsebenen ab. Die Produktion von Biomasse erfolgt auf allen Ernährungsebenen in ähnlicher Geschwindigkeit.

Ökosystem See: Die Biomasseproduktionspyramide entspricht in der Abstufung der Ernährungsebenen etwa den Pyramiden des Ökosystems Wald. Dagegen haben bei der Biomassenpyramide vor allem die Produzenten und Konsumenten 1. Ordnung sehr geringe Biomassenanteile. In einer Momentaufnahme stellen Pflanzen- und Tierplankton relativ geringe Anteile der Biomasse in einem See dar. Sie vermehren sich aber sehr viel schneller und bauen somit in einem bestimmten Zeitraum mehr Biomasse auf, als die Konsumenten 2. und 3. Ordnung. Dies wird in der Biomasseproduktionspyramide deutlich.

 Hilfe 1: Berücksichtige die unterschiedliche Zeitdauer der Produktion von Biomasse!
Hilfe 2: Pflanzen- und Tierplankton vermehren sich sehr viel schneller als alle anderen Ernährungsebenen.

Material C – Phosphorkreislauf

C1 Beschreibe die mit Zahlen markierten Stellen des Phosphorkreislaufs in einem See!

1 = Phosphor wird als Phosphat in den See eingetragen.

2 = Die Produzenten bauen mithilfe des aufgenommenen Phosphats organische Phosphorverbindungen auf.

3 = Die Konsumenten bauen die mit ihrer Nahrung aufgenommenen organischen Phosphorverbindungen in eigene Stoffe um.

4 = Die Destruenten bauen die in abgestorbenen Pflanzen, toten Tieren und Ausscheidungen enthaltenen Phosphorverbindungen zu Phosphat ab.

5 = Das von den Destruenten ins Wasser abgegebene Phosphat kann wieder von den Produzenten aufgenommen werden.

C2 Vergleiche den Phosphorkreislauf mit dem Stickstoffkreislauf!

Gemeinsamkeiten:
Sowohl Stickstoff als auch Phosphor werden nicht in ihrer elementaren Form von den Produzenten aufgenommen, sondern in Form von Ionen, Nitrat und Phosphat.
Die Produzenten bauen mithilfe dieser Ionen organische Stickstoff- und Phosphorverbindungen auf.
Die Konsumenten nehmen diese organischen Stickstoff- und Phosphorverbindungen auf und bauen sie um.
Die Destruenten bauen die organischen Verbindungen zu anorganischen Stoffen ab, die von den Produzenten wieder aufgenommen werden können.

Unterschiede:
Am Stickstoffkreislauf ist auch der elementare Stickstoff der Luft beteiligt. Stickstoff kann deshalb durch Eintrag von Nitrat, aber auch durch die chemische und biologische Stickstofffixierung in den Stickstoffkreislauf des Sees gelangen.
Am Phosphorkreislauf ist kein elementarer Phosphor beteiligt. Phosphor gelangt nur über den Eintrag von Phosphat in den Phosphorkreislauf des Sees.
Die Destruenten bauen organische Stickstoffverbindungen zu Ammonium ab. Für die Oxidation zum Ausgangsstoff Nitrat sind aerobe Bakterien erforderlich.
Die Destruenten bauen organische Phosphorverbindungen direkt zum Ausgangsstoff Phosphat ab.
Beim Stickstoffkreislauf kann unter anaeroben Bedingungen Nitrat wieder reduziert werden. Dabei entsteht entweder Ammonium oder sogar elementarer Stickstoff, der in die Luft entweichen und das Ökosystem See verlassen kann.

Gestufte Hilfen:
Hilfe 1: Gehe auf Gemeinsamkeiten von Produzenten, Konsumenten und Destruenten ein!
Hilfe 2: Beachte vor allem Unterschiede in der Rolle der Destruenten!
Hilfe 3: Berücksichtige bei der Darstellung der Unterschiede die Beteiligung von elementarem Stickstoff beziehungsweise Phosphor!

C3 Recherchiere, wozu Lebewesen eines Sees die Elemente S, Ca, Fe und K benötigen und in welchen chemischen Verbindungen sie aufgenommen werden!

S = Schwefel: Wird zum Aufbau von Proteinen gebraucht. Die Produzenten nehmen Schwefel in Form von Sulfat, SO_4^{2-}, auf. Die Konsumenten erhalten die notwendigen organischen S-Verbindungen über die Nahrungskette.
Ca = Calcium: Ist ein wichtiger Nährstoff für Pflanzen zur Stabilisierung der Zellwände und zur pH-Regulation. Schnecken und Muscheln benötigen Calcium zum Aufbau ihrer Kalkschalen, Krebse lagern Kalk in ihren Panzer ein. Bei Wirbeltieren wird Calcium zum Aufbau von Knochen und Zähnen benötigt. Tiere brauchen Calcium außerdem für die Muskelkontraktion, die Blutgerinnung und die Übertragung von Nervensignalen. Calcium wird stets als im Wasser gelöstes Ca^{2+}-Ion aufgenommen.

Fe = Eisen: Pflanzen und Tiere benötigen Eisen zum Aufbau von Enzymen der Zellatmung, bei Tieren ist es außerdem sehr wichtig für den Aufbau von Hämoglobin, das dem Sauerstofftransport dient. Es wird in Form von im Wasser gelösten Ionen, Fe^{2+} und Fe^{3+}, aufgenommen.
K = Kalium: Kalium wird sowohl bei Pflanzen als auch bei Tieren zur Regulation des Wasserhaushaltes benötigt. Bei Tieren hat es eine sehr wichtige Funktion bei der Erregungsleitung in Nervenzellen. Es wird in Form von im Wasser gelösten K^+-Ionen aufgenommen.

C4 Nenne die Stoffe in Lebewesen, die Phosphor enthalten!

DNA, ATP, Calciumphosphat in den Knochen, Phospholipide der Zellmembranen und weitere

Material D – Abiotische Umweltfaktoren

D1 Stelle mithilfe des Temperaturverlaufs Vermutungen an, in welcher Wasserschicht die abiotischen Umweltfaktoren gemessen wurden!

Der Temperaturverlauf zeigt an, dass die abiotischen Umweltfaktoren in der Deckschicht gemessen wurden, da in den Sommermonaten Temperaturen von 20 Grad Celsius erreicht werden.

D2 Vergleiche den Jahresverlauf der Sauerstoff- und Kohlenstoffdioxidkonzentration!

Die Sauerstoffkonzentration ist über das Jahr verhältnismäßig konstant im Bereich von 10 mg/l. Im Mai liegt sie mit 15 mg/l deutlich darüber und in den darauf folgenden Sommermonaten ist sie mit etwa 12 mg/l weiterhin erhöht. Ab Oktober sinkt die Sauerstoffkonzentration und erreicht im Dezember mit etwa 8 mg/l ihr Minimum.
Die Kohlenstoffdioxidkonzentration zeigt dagegen im Jahresverlauf eine sehr deutliche Veränderung. Sie sinkt von Januar bis Mai von etwa 5 mg/l auf 0 mg/l ab, bleibt bis Mitte Oktober auf 0 mg/l und steigt dann bis Dezember wieder deutlich an auf 4 mg/l. Die Kohlenstoffdioxidkonzentration schwankt also wesentlich stärker als die Sauerstoffkonzentration.

D3 Stelle Vermutungen an, weshalb die Sichttiefe in den Sommermonaten geringer ist!

In den Sommermonaten kann sich aufgrund der Sonneneinstrahlung das Pflanzenplankton stark vermehren. Die dadurch größere Anzahl an Algen in der Oberflächenwasserzone vermindert die Sichttiefe.

Gestufte Hilfe: Beachte das Vorhandensein des Pflanzenplanktons!

D4 Erkläre den Rückgang der Kohlenstoffdioxid-, Nitrat- und Phosphatkonzentration in den Monaten Mai bis Oktober!

Kohlenstoffdioxid wird von den Produzenten aufgenommen, um durch Fotosynthese Glukose aufzubauen. Dieser Prozess findet im Sommer wesentlich stärker statt als in den übrigen Jahreszeiten, weil die Einstrahlung von Licht und die Wassertemperatur höher sind. Für den verstärkten Aufbau organischer Stoffe im Sommer durch die Produzenten werden auch die Nährstoffe Nitrat und Phosphat benötigt. Deshalb verringern sich auch deren Konzentrationen im Seewasser in den Sommermonaten.

Gestufte Hilfen:
Hilfe 1: Überlege welche Stoffwechselvorgänge im Sommer stärker ablaufen als im Winter!
Hilfe 2: Berücksichtige dass wegen der längeren Belichtung die Fotosynthese im Sommer stärker abläuft!

Gefährdung des Ökosystems See

Seite 98–99

1 Nenne Gefährdungen des Ökosystems See!
Industrieabwässer, Wasserentnahme, Einsetzen fremder Lebewesen, Nutzung der Seeufer, für Tourismus und Bebauung, Wassersport, Haushaltsabwässer, Einschwemmung von Düngemitteln

Seite 100 (Im Blickpunkt Geografie: Moorbildung)

1 Beschreibe den Unterschied zwischen einem Niedermoor und einem Hochmoor!
Ein verlandeter See entwickelt sich zu einem Niedermoor, das durch das Grundwasser gespeist wird. Das Hochmoor wächst über das Niedermoor hinaus und wird vom Regenwasser feucht gehalten.
Zusatzinformation: Bei dem beschriebenen Niedermoor handelt es sich um das Verlandungsmoor. Niedermoore entstehen unter anderen Bedingungen wie einem ansteigenden Grundwasserspiegel oder der Wasseransammlung in Niederungen. Moorbildung erfolgt also nicht nur im Zusammenhang mit der Verlandung von Seen.

Seite 101 (Material)

Material A – Seentypen

A1 Vergleiche tabellarisch die Biomasse sowie den Sauerstoff- und Mineralstoffgehalt eines oligotrophen und eutrophen Sees!

	Oligotropher See	Eutropher See
Biomasse	wenig	viel
Sauerstoffgehalt	hoch	niedrig
Mineralstoffgehalt	niedrig	hoch

A2 Stelle mithilfe der abgebildeten Tabelle Vermutungen an, welches Maar eutroph ist!
Das Schalkenmehrener Maar ist eutroph. Es hat ein deutlich größeres Einzugsgebiet als das Weinfelder Maar und flachere und längere Seeufer, die bebaut sind oder landwirtschaftlich genutzt werden. Zudem ist das Schalkenmehrener Maar nur etwa halb so tief wie das Weinfelder Maar und hat ein deutlich geringeres Wasservolumen.

A3 Nenne mögliche Ursachen für die Eutrophierung dieses Maars!
Durch die landwirtschaftliche Nutzung eines Teils des Seeufers werden Düngemittel in den See geschwemmt. Außerdem gelangen vermutlich auch Haushaltsabwässer durch den direkt am See gelegenen Ort in den See. Durch die Düngemittel steigt die Produktion an Biomasse, die zusammen mit dem zusätzlich eingetragenen organischen Material eine Eutrophierung bewirkt.

Material B – Sanierungsverfahren

B1 Beschreibe mithilfe der Abbildungen die beiden Maßnahmen zur Sanierung eutropher Seen!
Belüftungsverfahren: Von einem Druckluftbehälter wird über einen langen Schlauch Luft zum Seegrund gepumpt. Dort tritt sie über eine gelochte Platte am Ende des Schlauchs aus. Die aufsteigenden Luftblasen werden von einer sich über der Platte befindenden Glocke aufgefangen. Diese hat seitliche Öffnungen, durch die der Großteil der Luft in die Tiefenwasserzone gelangt. Über ein Steigrohr am oberen Ende der Glocke kann überschüssige Luft an die Wasseroberfläche entweichen.
Tiefenwasserableitungsverfahren: Mithilfe einer Saugpumpe am Ufer und langen Schläuchen wird Tiefenwasser aus dem See herausgepumpt. Die Schlauchenden sind über eine Stange so im See verankert, dass sie in der Tiefenwasserzone bleiben.

B2 Das Tiefenwasserableitungsverfahren hat eine nachhaltigere Wirkung. Erläutere dies!
Beim Belüftungsverfahren wird mit der Luft Sauerstoff in die Tiefenwasserzone gebracht, um dort wieder aerobe Abbauprozesse zu ermöglichen. Die Menge der im Wasser gelösten Mineralstoffe wird dabei nicht verringert. Dagegen wird beim Tiefenwasserableitungsverfahren das sauerstoffarme und mit organischen Stoffen belastete Tiefenwasser dauerhaft aus dem See entfernt. Bei diesem Verfahren wird also die Menge an organischen Stoffen und an Mineralstoffen direkt verringert, womit seine Wirkung nachhaltiger ist.
Zusatzinformation: Beim Belüftungsverfahren kann Tiefenwasser, das Giftstoffe wie Schwefelwasserstoff enthält, aufsteigen und sich mit Oberflächenwasser vermischen. Dadurch können Lebewesen im Oberflächenwasser geschädigt werden. Beim Tiefenwasserverfahren wird mit dem Tiefenwasser auch Bodenschlamm abgesaugt, das verringert die Menge an organischen Stoffen im See.

Material C – Aralsee und Tschadsee

C1 Recherchiere über die beiden Seen zu folgenden Punkten: Lage, Klima, Größe, Tiefe, Ursachen der Veränderungen, Auswirkungen auf das Ökosystem See und sein Umland, und stelle die Ergebnisse in einer Tabelle zusammen!

C2 Stelle das Ergebnis vor!
praktische Aufgabe

	Aralsee	Tschadsee
Lage	• Zentralasien; Kasachstan und Usbekistan	• Zentralafrika; Südrand der Sahara; Tschad, Kamerun, Nigeria, Niger
Klima	• Kontinentales Halbwüsten- bis Wüstenklima; halbtrocken, Verdunstung während 6–9 Monaten im Jahr höher als die Niederschläge, Niederschläge pro Jahr: etwa 100 mm	• Tropisches Wechselklima, ganzjährig warm; trocken, Verdunstung in 10-12 Monaten im Jahr höher als die Niederschläge (Trockenzeit), Niederschläge im Sommer: 250–1000 mm (Regenzeit)
Größe	• Starke Abnahme der Größe (ursprünglich: 68 000 km² Fläche (viert-größter See der Erde), heute: etwa 14 000 km² Fläche)	• Starke jahreszeitliche Schwankungen zwischen Regen- und Trockenzeit • Maximal 30 000 km² Fläche • Minimal 1350 km² Fläche
Tiefe	• Abnahme der Tiefe (1960: maximal 53 m, heute: maximal 40 m)	• Starke Schwankungen der Tiefe (maximal 7 m, durchschnittlich 2 m)
Ursachen der Veränderungen	• Entnahme großer Wassermengen aus den beiden Hauptzuflüssen für die künstliche Bewässerung riesiger Baumwollplantagen in der um den See gelegenen Steppe	• Häufige Dürreperioden in der Sahelzone als Folge des globalen Klimawandels • Wachsende Wasserentnahme für landwirtschaftliche Bewässerung
Auswirkungen auf das Ökosystem See	• Starker Rückgang der Wasserfläche und des Wasservolumens • Große Bereiche des Sees verlandeten (die Uferlinie verlagerte sich bis zu 100 km in Richtung Seemitte) • Versalzung des Seewassers; höherer Salzgehalt als Meerwasser • Starker Rückgang der Artenvielfalt (heute nur noch 6 von ursprünglich 30 Fischarten vorhanden)	• Starker Rückgang der Wasserfläche und des Wasservolumens • Starke Abnahme der ursprünglich sehr artenreichen Tier- und Pflanzenwelt • Verlust des wichtigen Rastplatzes für viele Zugvögel
Auswirkungen auf das Umland	• Absenkung des Grundwasserspiegels • Bildung einer Staub- und Salzwüste in den verlandeten Bereichen • Verschmutzung mit Pestiziden, die in den Baumwollplantagen eingesetzt werden	• Versteppung ehemaliger Wasserflächen und Ausbreitung der Sahara • Entstehung einer wüstenartigen Landschaft um ehemalige Städte des Seeufers, sodass kaum Ackerbau mehr möglich • Neue Ansiedlungen auf trockengefallenem Seegrund und verstärkte Wasserentnahme, da einziges großes Süßwasservorkommen in der Region

Wahlpflichtbereiche

1 Mikrokosmos Wiese
Pflanzen im Lebensraum Rasen

Seite 110–112

1 Beschreibe die Entstehung und Weiterentwicklung eines Rasens!
Ein Rasen ist ein von Menschen geschaffener Lebensraum, in dem ausgewählte Grasarten ausgesät werden. Er wird regelmäßig gemäht, alle Pflanzen erreichen daher nur geringe Wuchshöhen. Mit der Zeit siedeln sich zwischen den Gräsern andere Pflanzen wie Weißklee und Gänseblümchen an. Die Pflanzen eines Rasens sind an den regelmäßigen Schnitt angepasst und wachsen schnell nach.

2 Erläutere die Konkurrenz zwischen Gräsern und anderen Pflanzen!
Gräser wachsen im Rasen sehr dicht und lassen wenig Platz für andere Pflanzen. Einige Pflanzen können mit ihren Angepasstheiten dennoch dazwischen wachsen. Der Weißklee wächst mit seiner niederliegenden Sprossachse nah am Boden. Seine Blätter wachsen über den Rasen hinaus und bekommen so Licht. Andere Pflanzen wie das Gänseblümchen verdrängen die Gräser mit ihren flach am liegenden Blättern. Einige Grasarten wie Wiesenrispe und Rotschwingel bilden Ausläufer, mit denen sie in die Lücken des Rasens wachsen.

3 Erläutere die Wirkung des Menschen als biotischer Faktor im Rasen!
Durch das Aussäen des Rasens schafft der Mensch einen Lebensraum für Gräser, an dem sie wachsen und sich ausbreiten können. Weiterhin wirkt er als biotischer Umweltfaktor auf den Lebensraum ein. Er betritt und mäht den Rasen regelmäßig. Pflanzen, die an dem Lebensraum Rasen angepasst sind, überstehen dies. Nicht selten werden Pflanzen, die sich zwischen den Gräsern im Rasen ansiedeln, als Unkraut vom Menschen beseitigt.

4 Erläutere die Aussage von Abbildung 08 mithilfe der Informationen aus dem Text!
Die Abbildung veranschaulicht, dass auf eine Wiesenrispe im Rasen verschiedene biotische und abiotische Umweltfaktoren einwirken. Die Pflanze erträgt die biotischen Faktoren Fraß, Schnitt und Tritt und kann sich gegen viele Konkurrenten durchsetzen. Bei den abiotischen Faktoren sind Licht, Bodenfeuchte und Mineralstoffgehalt des Bodens bedeutend. Die Pflanze wächst bei hoher Lichtverfügbarkeit und mäßigem Mineralstoffgehalt am besten. Die Bodenfeuchte beeinflusst das Wachstum der Wiesenrispe ebenfalls. Genaue Angaben dazu fehlen im Text.
Zusatzinformation: Die Auswahl der Umweltfaktoren ist beispielhaft zu verstehen. Daneben gibt es weitere Faktoren, die an dieser Stelle vernachlässigt werden.

Seite 113 (Material)

Material A – Rasen bei unterschiedlichen Lichtverhältnissen

A1 Beschreibe die in der Tabelle dargestellten Ergebnisse!
Ein Rasen, der aus einer einheitlichen Saatmischung entstanden ist, bedeckt in den besonnten Bereichen durchschnittlich 98 % des Bodens, in beschatteten Bereichen nur 15 %. In besonnten Bereichen wachsen Weidelgras, Rotschwingel, Wiesenrispe, Einjähriges Rispengras und Straußgras. In den beschatteten Bereichen wachsen nur Rotschwingel und Einjähriges Rispengras. Das Weidelgras bedeckt in besonnten Bereichen mit durchschnittlich 41 % die größte Fläche, das Straßengras mit 3 % die geringste. Die Anteile der anderen Grasarten liegen dazwischen. Im beschatteten Bereich bedeckt der Rotschwingel mehr Fläche als das Einjährige Rispengras. Beide Arten weisen in besonnten Bereichen deutlich höhere Deckungsgrade auf.

A2 Erläutere die Auswirkungen des abiotischen Faktors Licht auf einzelne Rasenarten!
Vergleicht man die Gesamtdeckung und die Deckungsgrade einzelner Rasenarten von besonnten und beschatteten Flächen, wird der maßgebliche Einfluss des Lichts auf das Pflanzenwachstum im Rasen deutlich. Weidelgras, Wiesenrispe und Straußgras wachsen im beschatteten Bereich gar nicht. Rotschwingel und Einjähriges Rispengras wachsen auf schattigen Flächen deutlich schlechter, obwohl sie weniger Konkurrenz ausgesetzt sind. Alle berücksichtigten Pflanzenarten wachsen demnach besser bei hoher Lichtverfügbarkeit. Pflanzenarten wie Rotschwingel und Einjähriges Rispengras können Lichtmangel aber besser tolerieren als die anderen Arten.

A3 Erläutere den möglichen Einfluss biotischer Faktoren auf das Ergebnis!
Der Mensch beeinflusst das Ergebnis durch die Wahl der Saatmischung. Da sich die Grasarten in ihrem Lichtbedarf unterscheiden, hat es eine Bedeutung, welche Grasarten oder welche prozentuale Zusammensetzung an Grasarten ausgesät wurden. Eine andere Saatmischung würde zu einem abweichenden Ergebnis führen. Zudem konkurrieren die Graspflanzen um Platz. Auch die Konkurrenz zwischen den ausgesäten Grasarten beeinflusst das Ergebnis. Sät man andere Grasarten aus, kommt es zu anderen Konkurrenzverhältnissen und die Deckungsgrade würden sich von dem vorliegenden Ergebnis unterscheiden.

 Gestufte Hilfe: Bedenke, dass die Zusammensetzung der Grasarten in einem Rasen nicht natürlich entsteht.

Material B – Beobachtung an Breitwegerichpflanzen

B1 Beschreibe die unterschiedlichen Wuchsformen der Wegerichpflanzen in einem Rasen (B) und am Wegrand (C)!

Die Blätter der Wegerichpflanze im Rasen liegen flach auf dem Boden. Es sind keine Blüten- oder Fruchtstände zu sehen. Die Blätter der Wegerichpflanze vom Wegrand sind nach oben gerichtet. An der Pflanze sind mehrere Blüten- oder Fruchtstände zu sehen, die die Blattspitzen deutlich überragen.

B2 Nenne biotische Faktoren für Rasen und Wegrand, die gleich oder unterschiedlich sind! Begründe deine Nennungen!

Tierfraß und Konkurrenz zwischen den Pflanzen tritt sowohl im Rasen als auch am Wegrand auf. Zwischen Rasen und Wegrand unterscheiden sich jedoch die Pflanzenarten, die vorkommen, also die Konkurrenten. Unterschiedlich sind zudem die Faktoren Schnitt und Tritt.
Der Rasen und ein Wegrand könnten in gleicher Weise von Pflanzenfressern wie Schnecken und Kaninchen aufgesucht werden, sodass es an beiden Standorten zu Tierfraß kommt. An beiden Standorten wachsen Pflanzen auf begrenztem Raum, wodurch Konkurrenz entsteht. Der Wegrand wird nicht so häufig gemäht und selten tritt jemand neben den Weg. Ein Rasen wird hingegen regelmäßig gemäht und betreten. Daher wirken sich die Faktoren Schnitt und Tritt unterschiedlich stark aus. Im Rasen wachsen hauptsächlich die ausgesäten Graspflanzen. Am Wegrand wachsen andere Pflanzen. Daher sind die Konkurrenzverhältnisse unterschiedlich.

 Gestufte Hilfe: Einige dieser Faktoren ergeben sich aus dem direkten Einfluss des Menschen.

B3 Nenne biotische Faktoren, die im Rasen wahrscheinlich verhindern, dass die Wuchsform des Wegerichs in Abbildung C entsteht! Begründe deine Nennungen!

Schnitt und Tritt verhindern wahrscheinlich, dass der Breitwegerich mit aufrechten Fruchtständen und Blättern wachsen kann. Liegen die Wegerichblätter flach auf dem Boden, werden sie beim Mähen nicht abgeschnitten und beim Betreten weniger zerstört. Daher können in einem Rasen nur die Wegerichpflanzen überleben, deren Blätter flach auf dem Boden wachsen. Die Blüten- und Fruchtstände wachsen im Rasen nicht so hoch. Dennoch werden sie beim Mähen oft zerstört.

 Gestufte Hilfe: Einige dieser Faktoren ergeben sich aus dem direkten Einfluss des Menschen.

Rasen – Wiese – Weide

Seite 114–115

1 Stelle das Ökosystem Wiese in einem Kurzvortrag vor! Benutze die Abbildungen 01, 02 und 04!

Erwartet wird, dass auf biotische und abiotische Faktoren eingegangen wird, insbesondere die Mahd und das Licht. Der Vortrag soll mit einer Beschreibung der Wiese beginnen, die beinhaltet, dass die Wiese hauptsächlich aus Gräsern besteht, dass aber auch weitere Pflanzen zwischen den Gräsern wachsen. Mithilfe von Abbildung 01 kann eine Wiese beschrieben werden. Von hier kann mit Blick auf die Strukturiertheit der Wiese zu Abbildung 04 übergeleitet werden. Anhand der Abbildungen sollen ohne Blick auf weitere Unterlagen die Struktur und die Dynamik der Wiese vorgestellt werden. Eine besondere eigenständige Leistung ist darin zu sehen, dass die Schülerin oder der Schüler die Aussagen der Abbildungen 02 und 04 miteinander verbindet, indem sie oder er auf den kurzzeitigen Bestand einiger der in Abbildung 04 zu sehenden Strukturen verweist, während andere, wie die Gänge der Wühlmäuse und Maulwürfe, auch nach einer Mahd bestehen bleiben.

 Gestufte Hilfe: Vorgabe der inhaltlichen Struktur

Seite 116–117 (Material)

Material A – Veränderung der Artenzusammensetzung auf Wiese und Weide

A1 Beschreibe die dargestellten Versuchsergebnisse!

Im ersten Jahr ist die Zusammensetzung der Grasarten an beiden Standorten gleich. In den Folgejahren, in denen die Standorte unterschiedlich genutzt werden, unterscheiden sich die prozentualen Häufigkeiten der Grasarten von Jahr zu Jahr deutlicher.
Auf der *Wiese* nimmt der Anteil des Knäuelgrases jährlich zu. Ausgehend von einem Ausgangswert von 5 % liegt sein Anteil nach vier Jahren bei 65 %. Der Anteil des Weidelgrases nimmt zum zweiten Jahr stark zu, sinkt bis zum vierten Jahr aber wieder auf seinen Ausgangswert von 5 %. Der Anteil der Wiesenrispe geht schon im ersten Nutzungsjahr von 41 % auf 6 % stark zurück und bleibt in den Folgejahren etwa auf diesem Wert. Der Anteil des Wiesen-Schwingels nimmt zunächst leicht zu, sinkt dann aber leicht unter seinen Ausgangswert. Das Wiesen-Lieschgras nimmt zunächst stark und dann schwächer ab. Nach vier Jahren beträgt sein Anteil weniger als ein Siebtel des Ausgangswerts. Der Anteil der sonstigen Arten bleibt über die vier Jahre hinweg gleich.
Auf der *Weide* steigt der Anteil des Knäuelgrases im zweiten Jahr, sinkt bis zum vierten Jahr aber wieder auf etwa seinen Ausgangswert. Der Anteil des Weidelgrases steigt von 5 % auf über die Hälfte aller vorkommenden Pflanzen. Der Anteil der Wiesenrispe ist im zweiten Jahr deutlich

geringer, steigt danach aber wieder bis auf etwa die Hälfte des Ausgangswerts. Der Anteil des Wiesen-Schwingels nimmt zunächst stark auf etwa das Dreifache zu, geht dann aber bis auf die Hälfte des Ausgangswerts zurück. Das Wiesen-Lieschgras nimmt zunächst stark und dann schwächer ab. Nach vier Jahren ist sein Anteil auf ein Siebtel des Ausgangswerts zurückgegangen. Der Anteil der sonstigen Arten steigt und erreicht nach vier Jahren fast das Doppelte des Ausgangswerts.

Auf beiden Flächen werden die Anteile von Wiesen-Lieschgras, Wiesen-Schwingel und Wiesenrispe geringer. Weidelgras und Knäuelgras zeigen die größten Veränderungen in ihrer relativen Häufigkeit. Die Anteile des Weidelgrases werden auf der Weide deutlich größer und bleiben auf der Wiese gleich. Umgekehrt verhält es sich mit dem Knäuelgras. Der Anteil der sonstigen Arten bleibt auf der Wiese gleich, erhöht sich aber auf der Weide.

A2 Ziehe Schlussfolgerungen zu den besonderen Eigenschaften, die Weidelgras und Knäuelgras haben!

Die Zusammensetzung der Grasarten verändert sich auf der Wiese anders als auf der Weide. Da die Versuchsflächen nebeneinanderliegen, stimmen die Bodeneigenschaften und die klimatischen Bedingungen wie Lichtverfügbarkeit und Niederschlag überein. Daher müssen die Nutzungsunterschiede ausschlaggebend sein für die Unterschiede in der Artenzusammensetzung.

Eine Wiese wird ein- bis viermal pro Jahr gemäht, eine Weide wird von Tieren betreten, die einige der Weidepflanzen fressen, andere nicht. Die biotischen Faktoren Schnitt und Beweidung sind ausschlaggebend für die Konkurrenzfähigkeit der verschiedenen Grasarten. Das Weidelgras hält demnach Tritt und Fraß besser aus als das Knäuelgras, während dieses den Schnitt besser verträgt. Im Vergleich zu den konkurrierenden Grasarten ist das Knäuelgras auf der Wiese und das Weidelgras auf der Weide überlegen. Daher machen sie jeweils den größten Anteil aus.

Gestufte Hilfe: Überlege, wie sich biotische Faktoren auf Wiesen und Weiden unterscheiden.

A3 Erstelle Hypothesen, weshalb die sonstigen Arten in einer Weide einen größeren Anteil haben als in einer Wiese!

Die entscheidenden Einflussfaktoren sind Fraß, Tritt und Schnitt. Der Schnitt wirkt sich gleichmäßig auf alle Pflanzen aus. Tritt und Fraß sind dagegen vom Verhalten der Tiere abhängig und wirken unterschiedliche stark auf verschiedenen Pflanzenarten. Einige Arten werden bevorzugt gefressen, andere Arten werden beim Betreten stärker verletzt. Die Samen oder Früchte einiger Arten werden zudem durch die Tiere verbreitet. Somit ergeben sich folgende Hypothesen:

a) Auf der Wiese ergeben sich durch den gleichmäßigen Schnitt aller Pflanzen keine freien Stellen für die sonstigen Arten. Daher bleibt ihr Anteil gleich. Auf der Weide ist das anders. Die Tiere schaffen durch Tritt und Fraß Stellen, an denen die sonstigen Arten wachsen können.

b) Durch Verhaltensweisen der Tiere, die nicht unmittelbar mit dem Fressen zusammenhängen, werden freie Stellen geschaffen, an denen die sonstigen Arten wachsen können. Dies kann zum Beispiel durch das Wälzen auf dem Boden oder das Scharben mit den Hufen geschehen.

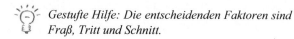
Gestufte Hilfe: Die entscheidenden Faktoren sind Fraß, Tritt und Schnitt.

Material B – Werte abiotischer Faktoren in einer ungemähten Wiese und einem Rasen

B1 Ordne die Spalten der Tabelle begründet Wiese und Rasen zu!

Ein Rasen erhält zehn Zentimeter über der Bodenoberfläche das volle Sonnenlicht, weil die Pflanzen wegen der häufigen Mahd nicht höher wachsen. Eine Wiese wird seltener gemäht, weshalb die Pflanzen höher wachsen und am Boden weniger Licht ankommt. Daher muss die linke Spalte der Wiese und die rechte dem Rasen zugerechnet werden.

B2 Entwickle mit Bezug auf die abiotischen Faktoren eine Hypothese zum Vorkommen des Rüsselkäfers!

Rüsselkäfer kommen häufiger in einem Rasen vor als in einer Wiese. Demzufolge sollten sie die im Rasen herrschenden abiotischen Faktoren besser ertragen als die der Wiese. Die Tiere entwickeln sich in den Blüten des Klees. Daher sind für das Vorkommen die abiotischen Faktoren in der Kleeblüte entscheidend. Diese wurden nicht gemessen, sodass hierzu keine Aussage möglich ist. Es könnte sein, dass der Klee im Rasen häufiger vorkommt als in der Wiese und sich das Rüsselkäfer dadurch erklären lässt. Das würde bedeuten, dass die gemessenen abiotischen Faktoren für den Rüsselkäfer nur mittelbar von Bedeutung sind. Hypothesen können sein:

a) Der Rüsselkäfer kommt auf dem Rasen häufiger vor, weil er sich bei höheren Temperaturen, geringerer Luftfeuchtigkeit oder stärkerer Verdunstung besser entwickelt.

b) Der Rüsselkäfer kommt auf dem Rasen häufiger vor, weil er an das Vorkommen des Klees gebunden ist.

B3 Entwirf einen Laborversuch, der die Hypothese überprüfen kann!
individuelle Schülerlösung

Versuchsbeispiel zu Hypothese a:
Material: Temperatur- und Feuchteorgel mit getrennten Kammern, mehrere Käfer der Art Protapion fulvipes
Durchführung: Die Käfer werden gleichmäßig auf die Kammern der Orgeln verteilt. Dabei müssen die durch die Messwerte im Freiland vorgegebenen Werte der abiotischen Faktoren eingestellt sein. Dann wird über längere Zeit erfasst, wie viel die Tiere fressen, wie viele Eier sie legen oder wie viele Nachkommen sie haben. Sollte der Versuch die Hypothese nicht bestätigen, würde man Hypothese b) untersuchen. Hierzu müsste man die Verteilung des Klees in Rasen und Wiesen sowie die abiotischen Faktoren der Kleeblüten untersuchen.

 Gestufte Hilfe: Vorgabe der zu prüfenden Hypothese und der einzusetzenden Materialien

Material C – Feldmauszyklen

C1 Beschreibe die Untersuchungsergebnisse!
Von 1976 bis 1987 wurden in einer Wiesen- und Weidenlandschaft Feldmäuse in Fallen gefangen. In den Kontrollen von 1976 bis Anfang 1978 fand man im Durchschnitt in 40 % der Fallen Mäuse. Anschließend fand man bis Anfang 1980 in den Fallen nur wenige oder gar keine Mäuse. Von Sommer 1980 bis Frühjahr 1981 wurden zwischen 30 % und 40 % der Fallen von Mäusen aufgesucht. Dann gab es bis zum Frühjahr 1983 wieder keine oder nur wenige Fänge. Vom Sommer 1983 bis zum Frühjahr 1984 wurden mehr Mäuse gefangen, wobei durchschnittlich 10 % bis 20 % der Fallen belegt waren. Dann blieben die Fänge wieder aus. Erst ab 1986 wurden wieder Mäuse gefangen. Bis Herbst 1987 waren rund 20 % der Fallen belegt. Die Auswertung der Fänge zeigt, dass alle drei Jahre vermehrt Mäuse in die Fallen gehen und in den zweijährigen Zwischenzeiten weniger Mäuse auffindbar sind.

C2 Aus den Untersuchungsergebnissen kann man die Gesamtzahl der vorkommenden Mäuse abschätzen. Erläutere!
Sind die Mäuse zufällig über die Untersuchungsfläche verteilt, gehen umso mehr Mäuse in die Fallen, je mehr vorhanden sind. So lassen mehr gefüllte Fallen auf mehr Mäuse im Lebensraum schließen. Wenn man in einem begrenzten Teillebensraum beobachtet, wie viel Prozent der dort vorhandenen Mäuse in die Fallen gehen, kann man berechnen, wie viele Mäuse auf der Untersuchungsfläche vorhanden sind, wenn ein bestimmter Anteil der Fallen belegt ist.

C3 Begründe die Ergebnisse!
Die Größe einer Feldmauspopulation hängt hauptsächlich vom Nahrungsangebot ab. Reicht die Nahrung nicht aus, bricht die Population zusammen. Es dauert dann eine längere Zeit, bis die Anzahl der Tiere wieder steigt. Der Zusammenbruch der Population kann auch durch Krankheiten hervorgerufen werden, die sich in einer größeren Population auf engem Raum schnell ausbreiten können. In den Jahren, in denen es viele Feldmäuse gibt und die Fangraten hoch sind, fressen die Mäuse ihre Nahrungsgrundlage auf. Dadurch kommt es regelmäßig zum Zusammenbruch der Population und die Fänge bleiben aus. Dies ist Ende 1977, 1980, 1983 und 1986 der Fall. Danach dauert es etwa zwei Jahre, bis die Nahrungsquellen wieder gefüllt sind und genügend vermehrungsfähige Tiere vorhanden sind, sodass die Anzahl der Feldmäuse wieder steigt.

 Gestufte Hilfe: Überlege, welche Faktoren für das Überleben der Feldmäuse ausschlaggebend sein können!

C4 Nach den Untersuchungen kann man von einem „Dichtezyklus" bei den Feldmäusen sprechen. Erläutere dies!
Da man für die Fänge immer auf dieselbe Untersuchungsfläche beschränkt hat, bleibt der erfasste Flächeninhalt gleich. Dadurch zeigen die Messwerte die Anzahl an Feldmäusen in Bezug auf die Fläche an. Dies ist die Dichte. Da die Dichte regelmäßig zwischen Tief- und Hochpunkten schwankt, verändert sie sich zyklisch. Die Untersuchung beschreibt damit einen mehrfach durchlaufenen Dichtezyklus.

Material D – Regenwurmgedicht

D1 Gib den Text des Gedichts mit eigenen Worten wieder!
Im Boden unter dem Rasen, auf dem Kinder spielen, laufen und sich raufen, leben viele Würmer, die ihre Gänge graben. Dort ist es dunkel und kühl. Was die Würmer im Erdreich fühlen, lässt sich nicht beschreiben, es bleibt es ein Geheimnis.

D2 Erläutere den Einfluss der spielenden Kinder auf die Regenwürmer!
Die Kinder laufen über den Rasen und verdichten den Boden. Das kann das Graben für die Regenwürmer erschweren. Die Kinder erschüttern beim Laufen oder Spielen den Untergrund. Das kann die Regenwürmer unter Stress versetzen oder dazu führen, dass sie den Boden unter dem Rasen meiden.

D3 Benenne die Eigenschaft von Regenwürmern, für die sich der Dichter Guggenmoos interessiert!
Josef Guggenmoos interessiert sich für das Fühlen der Würmer. Es bleibt unklar, ob er das Fühlen als Sinneswahrnehmung oder das Fühlen als Gefühl meint.

D4 Entwirf einen Versuch, in dem untersucht wird, ob Regenwürmer den Unterschied zwischen Sand- und Lehmboden feststellen können!

Versuchsbeispiel:
Material:, Kiste, Sandboden, Lehmboden, mehrere Regenwürmer
Durchführung: Die Kiste wird zur Hälfte mit Sandboden und zur Hälfte mit Lehmboden befüllt. Die Feuchtigkeit der beiden Bodenarten ist zu Versuchsbeginn gleich und wird im Versuchsverlauf gleich gehalten. In jede Kistenhälfte werden gleich viele Regenwürmer gegeben. Nach einiger Zeit zählt man die Anzahl der Würmer im Bereich mit Sandboden und im Bereich mit Lehmboden. Unterscheidet sich die Anzahl der Regenwürmer zwischen den Bodenarten, haben sie wahrscheinlich einen Unterschied festgestellt.
Zusatzinformation: Sand- und Lehmböden unterscheiden sich durch die Korngröße der Bodensubstanz. Sandige Böden sind grobkörniger und lockerer, Lehmböden feinkörniger und dichter.

D5 Entwirf einen Versuch, in dem untersucht wird, ob Regenwürmer Erschütterungen feststellen können!
Hier kann ein Auswahlversuch geplant werden, der dem Versuch in Aufgabe D4 entspricht. Dabei werden Bereiche mit unterschiedliche starken Erschütterungen geschaffen. In einem weiteren Versuch kann das unmittelbare Verhalten der Tiere bei Erschütterungen beobachtet werden. Dies entspricht dem Versuch zu Aufgabe D6.

D6 Entwirf einen Versuch, in dem untersucht wird, ob Regenwürmer Licht- und Temperaturreize erkennen!
individuelle Schülerlösung

Versuchsbeispiele:
Material: Taschenlampe, abgedunkelter Raum, Röhre, Temperaturorgel
Durchführung:
Lichtreiz: Man legt den Wurm in die Röhre und wartet ab, bis er herauskriecht. Dann schaltet man das Licht der Taschenlampe an und beobachtet, ob sich der Wurm wieder in die dunkle Röhre zurückzieht.
Temperaturreiz: Man setzt in eine nicht durch Kammern unterteilte Temperaturorgel an verschiedene Stellen Regenwürmer und beobachtet, ob sie sich von bestimmten Temperaturen wegbewegen und zu bestimmten Temperaturen hinbewegen.

 Gestufte Hilfe: Vorgabe der Materialien

D7 Diskutiere, ob die drei Versuche das Geheimnis zumindest teilweise lüften können, das der Dichter angesprochen hat!
Das hängt davon ab, wie der im Gedicht genannte Begriff „Fühlen" verstanden wird. Die Versuche überprüfen, ob der Regenwurm bestimmte Reize mit seinen Sinnen wahrnehmen kann. Diese Ergebnisse beschränken sich auf Reiz-Reaktions-Ketten, die äußerlich sichtbare oder messbare Reaktionen beinhaltet. Ob der Regenwurm Gefühle hat, die denen der Menschen gleichen, lässt sich mit solchen Versuchen nicht herausfinden. Menschliche Gefühle werden mit der Sprache, Mimik und Gestik vermittelt. Diese Ausdrucksformen sind bei Regenwürmern nicht erfassbar. Daher ist diese Frage nicht zu beantworten.

Seite 118–119 (Methode: Untersuchungen auf dem Rasen)

1 Ordne anhand der Ergebnistabelle die Untersuchungsflächen den Wuchsorten Wegmitte und Wegrand zu!
Geht man davon aus, dass in der Mitte des Weges die höchste Trittbelastung ist, dann sind die Untersuchungsflächen mit dem geringsten Deckungsgrad aller Pflanzen in der Mitte und die mit dem höchsten Deckungsgrad am Rand des Weges. Folglich liegen die Flächen F und G in der Mitte des Weges und A und B am Rand.

2 Erläutere den Einfluss der Wuchsorte Wegmitte und Wegrand auf das Vorkommen einzelner Arten!
Grundsätzlich vertragen einzelne Arten den Tritt als hier entscheidenden biotischen Faktor unterschiedlich gut. Daher ist die genannte Abhängigkeit zu erwarten. Im gegebenen Beispiel ist lediglich der Löwenzahn nicht in der Wegmitte zu finden. Er fehlt aber auch in einer Fläche am Wegrand. Am deutlichsten ist eine Abhängigkeit beim Englischen Raygras zu erkennen. Sein Deckungsgrad ist am Rand deutlich größer als in der Wegmitte. Relativ gleichmäßig verteilt sind Einjähriges Rispengras und Breitwegerich. Auf diese beiden Pflanzenarten scheint der Wuchsort kaum Einfluss zu haben.
Hinweis: Die Anzahl der untersuchten Flächen könnte nicht repräsentativ sein.

3 Vermute die zu erwartenden Ergebnisse, wenn man weiß, dass viele Trittpflanzen verdichtete Böden, hohe Temperaturen und volles Sonnenlicht ertragen!
Auf dem Weg wird man messen, dass es lange dauert, bis das Wasser im Kunststoffrohr versickert ist. Neben dem Weg wird dies schneller gehen. Auf dem Weg werden die Messwerte anzeigen, dass die Pflanzen volles Tageslicht bekommen. Neben dem Weg wird direkt über dem Boden ein geringerer Lichtwert gemessen werden, weil die Pflanzen höher wachsen und damit den Bereich unter ihnen beschatten. Der Boden heizt sich schneller auf als die Vegetation. Daher wird in der Wegmitte eine höhere Temperatur am Boden zu messen sein als am Wegesrand.

4 Erläutere die Ableitung der Untersuchungsfragen aus den gegebenen Informationen!

Im Text werden folgende Untersuchungsfragen genannt:
a) „Fliegt ein Insekt, das an der Blüte einer Pflanze beobachtet wird, zu einer anderen Pflanze derselben Art?"
b) „Wird die Braunelle lediglich von Hummeln besucht oder sind weitere Arten anzutreffen?"
c) „Aus welchen Insektengruppen kommen die Blütenbesucher?"

Aus der folgenden Information kann man die erste Frage ableiten: *„Die Pflanzen stellen den Insekten Pollen und Nektar zur Verfügung. Die Insekten transportieren Pollen von Blüte zu Blüte und sorgen so für deren Bestäubung."*
Wenn Pflanzen bestäubt werden, muss Pollen derselben Art auf die Blüten übertragen werden. Wenn ein Insekt bevorzugt Blüten einer Art anfliegt, ist es sehr wahrscheinlich, dass der Pollen dieser Art auf eine andere Blüte derselben Art gerät. Mit der ersten Frage wird dieses mögliche Ergebnis überprüft. Gäbe es eine Spezialisierung einer oder einiger Insektenart auf eine Pflanzenart, würde auch dies die Bestäubung für diese Pflanzenart garantieren. Daher kann man die zweite der genannten Fragen stellen. Wenn auf der anderen Seite mehrere Insektenarten die Blüten besuchen, kann es für die Pflanzenart in einem wechselnden Lebensraum günstig sein, dass viele mögliche Bestäuber vorhanden sind. Daher kann man die dritte Frage stellen. Je nach Ergebnis ergeben sich neue Untersuchungsfragen.

 Gestufte Hilfe: Hinweis auf die Textpassage

5 Entwirf einen Beobachtungsplan, mit dem man die nebenstehenden Ergebnisse zum Blütenbesuch verschiedener Insektenarten erhalten hat!

Der Plan muss die folgenden Aspekte beinhalten:
1. Die Blühzeit der genannten Pflanzenarten im Untersuchungsgebiet wird wöchentlich von April bis November kontrolliert.
2. An mehreren Tagen werden einzelne Hummeln über eine vorgegebene Zeit beim Blütenbesuch beobachtet. Man notiert in einer Tabelle Uhrzeit, Pflanzenart und Dauer des Besuchs einer Pflanze oder Blüte. Ebenso beobachtet man Wespen und Fliegen an mehreren Tagen.
3. Man beobachtet die Blüten der genannten Pflanzenarten an mehreren Tagen und notiert, welche Insektenarten auf den Blüten landen und welche Insektenarten dort Nektar saugen oder Pollen fressen. Zudem zeichnet man sonstige Verhaltensweisen auf, zum Beispiel ob sie nur auf den Blüten herumlaufen oder auch in sie hineinkriechen.
4. Exemplarisch kann man eine Insektenart beobachten. Dafür kann ein Protokoll erstellt werden mit einer fünfspaltigen Tabelle mit der Uhrzeit in der ersten Spalte, der Pflanzenart in der zweiten, der Dauer des Besuchs einer Blüte in der dritten und der Dauer des Besuchs einer Pflanze in der letzten Spalte.

2 Vielfalt und Nutzen der Pilze

Mannigfaltigkeit der Pilze

Seite 120–122

1 Vergleiche die Ernährungsweisen von Pflanzen, Tieren und Pilzen!

Pflanzen können durch die Fotosynthese aus den energiearmen Stoffen Kohlenstoffdioxid und Wasser die energiereiche Glukose herstellen, die als Baustein zum Aufbau weiterer energiereicher Nährstoffe dient. Dazu sind sowohl Tiere als auch Pilze nicht in der Lage. Sie müssen energiereiche Substanzen mit der Nahrung aufnehmen. Tiere fressen Pflanzen, Pilze oder andere Tiere. Pilze ernähren sich als Saprophyten von toter organischer Substanz. Als Parasiten leben sie von Pflanzen und Tieren. Außerdem gibt es Pilze, die eine Lebensgemeinschaft mit Pflanzen eingehen, die Mykorrhiza. Im Rahmen dieser Symbiose erhält der Pilz von der Pflanze die energiereichen Fotosyntheseprodukte, während er der Pflanze Wasser und Mineralstoffe liefert.

Tiere und Pilze ähneln sich in ihrer Ernährungsweise, zeigen aber Unterschiede in der Nahrungsbeschaffung. Die meisten Tiere bewegen sich, während sie Nahrung suchen und aufnehmen. Pilze sind dagegen festsitzende Lebewesen, die stets mit dem lebenden oder toten Organismus verbunden bleiben, von dem sie sich ernähren. Auch Pflanzen sind an ihren Standort gebunden und von den dort verfügbaren Ressourcen abhängig.

2 Begründe in Bezug auf den Bau eines Pilzes die Notwendigkeit, den Sporenträger bei der Ernte nur sehr behutsam mit einem Messer abzuschneiden!

Pilze bestehen nicht nur aus dem Sporenträger, sondern vor allem aus dem weitreichenden Myzel im Boden. Beim Abschneiden des Sporenträgers sollte man das Myzel nicht beschädigen. Nur so kann sich aus dem Myzel ein neuer Sporenträger bilden und der Pilz sich weiter fortpflanzen. Zudem kann ein in Symbiose lebender Mykorrhizapilz nur mit unbeschädigtem Myzel weiterhin Wasser und Mineralstoffe an die Pflanze liefern.

Gestufte Hilfe: Bedenke, welche Bedeutung der unterirdische Teil des Pilzes hat!

3 Nenne Pilze, die man für die Lebensmittelherstellung nutzt!

Zu nennen sind zunächst die zahlreichen Arten von Pilzen, deren Sporenträger man essen kann, wie Steinpilz, Birkenpilz, Pfifferling und Champignon. Große Bedeutung für die Herstellung von Lebensmitteln haben auch zahlreiche Hefepilze. Bestimmte Arten von ihnen nutzt man zur Zubereitung alkoholischer Getränke (Bierhefe für Bier, Weinhefe für Wein). Auch beim Brotbacken werden Hefepilze (Bäckerhefe) verwendet. Einige Schimmelpilze braucht man zur Herstellung bestimmter Käsesorten wie Roquefort und Camembert.

Seite 123 (Material)

Material A – Mykorrhiza

A1 Beschreibe die Messergebnisse!

In den Zeiträumen 1977 bis 1981 und 1982 bis 1986 fand man in dem untersuchten Waldstück nur wenige oder überhaupt keine Sporenträger von Pilzen. Der Zuwachs der Buche war relativ gering und veränderte sich nicht. Nach der Auslichtung im Jahr 1987 nahm die Anzahl an Sporenträgern immer weiter zu, und auch der Zuwachs der Buche wurde immer größer.
Zusatzinformation: Am abgebildeten Baumstamm soll nur gezeigt werden, wie man stärkeren (an dicken Jahresringen) und weniger starken Zuwachs (an dünnen Jahresringen) feststellen kann. Der Stammquerschnitt ist nicht von der 2001 gefällten Buche.

A2 Begründe das stärkere Wachstum des Baumes nach der Auslichtung von 1987!

Bei der Auslichtung wurden Bäume entfernt, die die Buche zuvor beschattet hatten. Nun kam mehr Sonnenlicht an die Blätter der Buche, ihre Fotosyntheseleistung stieg an. In der Folge wurden mehr energiereiche Stoffe aufgebaut, sodass die Zuwachsleistung der Buche stieg. Es standen daher auch mehr Nährstoffe für die Pilze zur Verfügung. Weil sich die Pilze nun ebenfalls besser entwickelten, wurde die Buche über die Mykorrhiza besser mit Wasser und Mineralstoffen versorgt. Auch das trug zu ihrer besseren Wuchsleistung bei.

A3 Beschreibe die Auswirkungen der Auslichtung auf die Pilze!

Die Pilze wurden durch die Auslichtung nicht direkt gefördert, denn der vermehrte Lichteinfall in den Wald kam ihnen nicht unmittelbar zugute. Aber das Wachstum der Bäume wurde gefördert. Über die Mykorrhiza konnten die Pilze mehr energiereiche Stoffe aufnehmen, die in den Blättern des Baumes aufgebaut worden waren.

Gestufte Hilfe: Überlege, wie die Pilze vom stärkeren Wachstum der Bäume profitiert haben könnten!

A4 Fasse die Abhängigkeiten zwischen Forstmaßnahme, Baum und Pilzwachstum zusammen!

Durch die Forstmaßnahme wurde der Wald ausgelichtet. Mehr Licht erreichte den Baum, sodass dessen Fotosyntheseleistung stieg. Weil mehr Stoffe in dem Baum aufgebaut wurden, stand auch mehr Nahrung für die Pilze zur Verfügung. Weil es mehr Pilze gab, wurde der Baum besser mit Wasser und Mineralstoffen versorgt, sodass seine Wuchsleistung weiter zunahm. Davon profitierten auch die Pilze: In den folgenden Jahren standen noch mehr energiereiche Stoffe für sie zur Verfügung.

A5 Bewerte die Maßnahme, die der Förster in dem Waldstück durchgeführt hat!

Ein Förster muss wirtschaftlich denken und ökologisch versiert sein. Er lichtete den Wald aus und verkaufte das entfernte Holz. Die freigestellte Buche wuchs in den folgenden Jahren erheblich besser, auch weil die Anzahl der Mykorrhizapilze zunahm. Der Förster erreichte mit seiner Maßnahme einen rascheren Zuwachs des Baumes und damit eine größere Wertsteigerung. Dabei hat er ökologisch gehandelt: Mehr Kohlenstoffdioxid wurde gebunden.

Zusatzinformation: Möglicherweise nahm auch die Biodiversität der Pilze zu.

Material B – Flechten

B1 Benenne die Strukturen, die mit den Ziffern 1 und 2 bezeichnet sind!

1 = einzellige Algen
2 = Pilze

B2 Vergleiche tabellarisch die Flechtensymbiose und die Mykorrhiza! Gehe auf die beteiligten Organismen, ihre Wuchsorte und die Funktionen innerhalb der Symbiose ein!

Die Tabelle zu den beteiligten Organismen sieht so aus:

Beteiligte Organismen	Flechten	Mykorrhiza
Höhere Pflanzen	–	+
Algen	+	–
Pilze	+	+

Die Tabelle zu den Wuchsorten kann man so entwerfen:

Wuchsort	Flechten	Mykorrhiza
Felsen	+	–
Baumstämme, Äste	+	–
Bodenoberfläche	+	–
Böden	–	+

Eine Tabelle zu den Funktionen der Bestandteile der Symbiosen kann man so aufbauen:

Beteiligte Organismen	Funktion der Symbiose
Höhere Pflanzen	Fotosynthese
Algen	Fotosynthese
Pilze	Wasser- und Mineralstoffversorgung

B3 Erläutere die Funktion der Pilze, wenn die Flechten an zeitweise sehr trockenen Standorten wachsen!

Über die weit verzweigten Hyphen der Pilze können Wasser und Mineralstoffe aus dem Boden gut aufgenommen werden. Damit stellt der Pilz die Versorgung der Flechte sicher.

Von der Gerste zum Bier

Seite 124–127

1 Vergleiche die Zellatmung mit der alkoholischen Gärung und nenne Gemeinsamkeiten und Unterschiede!

Gemeinsamkeiten:
In beiden Vorgängen bauen Lebewesen Glukose ab, um Energie zu gewinnen. Sowohl die Zellatmung als auch die alkoholische Gärung laufen in den Mitochondrien der Zellen ab.

Unterschiede:
Bei der Zellatmung wird neben der Glukose auch Sauerstoff abgebaut und es entstehen die energiearmen Produkte Kohlenstoffdioxid und Wasser. Bei der alkoholischen Gärung wird unter Ausschluss von Sauerstoff Glukose zu Kohlenstoffdioxid und Alkohol abgebaut. Da die Glukose dabei nur unvollständig abgebaut wird, enthält der Alkohol noch relativ viel Energie. Nur Mikroorganismen betreiben alkoholische Gärung, während zur Zellatmung auch Pflanzen und Tiere fähig sind.

 Gestufte Hilfe: Beziehe folgende Punkte in deinen Vergleich ein: Zweck, Ort (Zellorganell), Reaktionsgleichung, Energiegewinn, befähigte Lebewesen!

2 Fasse die Arbeitsschritte zusammen, die ein optimales Nährmedium für die Bierhefe schaffen!

Beim *Mälzen* werden die Gerstenkörner in Wasser eingeweicht und zum Keimen gebracht. Dabei werden Enzyme aktiviert, die einen Teil der Stärke zu Malzzucker und Glukose abbauen. Nach einem Trocknungsvorgang werden die Keimlinge aus den Getreidekörnern entfernt. Das entstandene *Gerstenmalz* wird zu *Malzschrot* geschrotet und mit Wasser versetzt. Das Gemisch, die *Maische*, wird erhitzt. Dabei wird die restliche Stärke in Zucker gespalten. Anschließend wird das Malzschrot aus dem Wasser herausgefiltert. Übrig bleibt die *Würze*, eine stark zuckerhaltige Flüssigkeit. Während die Würze gekocht wird, wird der Hopfen zugesetzt. Nachdem die festen Hopfenpartikel aus der Würze herausgefiltert wurden, wird diese auf etwa 10 °C abgekühlt. Die zuckerhaltige Würze ist ein optimales Nährmedium für die die Bierhefe.

 Gestufte Hilfe: Bedenke, dass Hefen zur alkoholischen Gärung Glukose benötigen.

Seite 128 (Material)

Versuch A – Nachweis der alkoholischen Gärung

A1 Formuliere Hypothesen zum Versuchsergebnis!
1) Kugel A taucht weder bei 30 °C noch bei 15 °C auf.
2) Kugel B taucht weder bei 30 °C noch bei 15 °C auf.
3) Kugel C taucht schneller auf als Kugel D.
4) Die Kugeln C und D steigen bei 30 °C schneller auf als bei 15 °C.

Gestufte Hilfen:
Hilfe 1: Überprüfe, welche Gärungsbedingungen in den verschiedenen Rezepten der Kugeln vorliegen!
Hilfe 2: Bedenke, dass zur Gärung Hefe und Glukose vorhanden sein muss!

A2 Beschreibe deine Beobachtungen!
individuelle Schülerlösung
Hinweise: Bei der Kugel A handelt es sich um die Kontrolle, die weder Glukose noch Hefe enthält. Diese Kugel sollte nicht auftauchen. Kugel B enthält zwar Hefe, aber keine Glukose, weshalb hier auch keine Reaktion stattfinden sollte. Die Kugeln C und D enthalten jeweils Glukose und Hefe. Beide Kugeln sollten im Wasserbad aufsteigen, da Gärung stattfindet. Kugel C enthält mehr Glukose als Kugel D. Daher sollte die Reaktion in Kugel C länger anhalten. Ist der Wasserstand im Wasserbad ausreichend hoch, sollte Kugel C als erstes an der Wasseroberfläche ankommen, während Kugel D nicht weiter aufsteigt, nachdem die Glukose verbraucht ist. Bei einem geringeren Wasserstand werden die Kugeln gleichzeitig auftauchen, da die Gärung bis zum Verbrauch der Glukose gleichermaßen schnell abläuft. Kugel C sollte nach einiger Zeit aber größer sein als Kugel D, da die Gärung länger anhält und somit mehr Kohlenstoffdioxid entsteht. Die Kugeln sollten bei 30 °C schneller aufsteigen als bei 15 °C, da die Gärung bei 30 °C schneller abläuft. (Bei noch höherer Temperatur würde die Hefe hingegen absterben).

A3 Überprüfe deine Hypothesen und erkläre das Ergebnis!
1) Kugel A ist nicht aufgestiegen. Da sie weder Hefe noch Glukose enthält, fand keine Gärung und somit keine Kohlenstoffdioxidbildung statt. Die Wassertemperatur hat darauf keinen Einfluss.
2) Kugel B ist nicht aufgestiegen. Da nur Hefe, aber keine Glukose als Nährmedium vorhanden war, fand keine Gärung und somit keine Kohlenstoffdioxidbildung statt. Die Wassertemperatur hat darauf keinen Einfluss.
3) Kugel C ist schneller aufgestiegen als Kugel D, da sie mehr Glukose enthält und deshalb durch die länger anhaltende Gärung mehr Kohlenstoffdioxid entsteht. In Kugel D ist die Glukose eher verbraucht, weshalb die Gärung nach einiger Zeit aufhört.
4) Die Kugeln C und D sind bei 30 °C schneller aufgestiegen als bei 15 °C. Das liegt daran, dass die Hefepilze bei wärmeren Temperaturen schneller arbeiten.

Material B – Energiegewinnung durch Zellatmung und Gärung

B1 Übertrage die Schemata in dein Arbeitsheft! Trage die zutreffenden Zellbestandteile und Stoffe in die Platzhalter ein!
siehe Abbildung unten

B2 Erläutere, unter welchen Umständen ein Hefepilz Zellatmung oder aber Gärung betreibt!
Steht genügend Sauerstoff zur Verfügung, gewinnen Hefepilze Energie durch Zellatmung. Ist kein oder nicht genug Sauerstoff verfügbar, gewinnen sie Energie durch die alkoholische Gärung.

B3 Begründe die unterschiedlichen Energiebilanzen von Zellatmung und Gärung!
Bei der Zellatmung wird energiereiche Glukose zu Kohlenstoffdioxid und Wasser abgebaut. Die Produkte sind energiearm, der Energiegewinn der Zelle ist hoch. Bei der alkoholischen Gärung wird Glukose zu Kohlenstoffdioxid und Alkohol abgebaut. Der Alkohol ist relativ energiereich. Daher ist der Energiegewinn für die Zelle geringer.

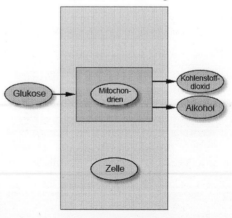

Notizen

Notizen

Notizen

Bildnachweis

Titel: F1online/imageBROKER/Wilfried Martin
Salbei: mauritius images/Alamy
Schwarzmilan: mauritius images/imagebroker/Marko König
Kräuterseitlinge: Fotolia/Wolfgang Mücke
Sprossachsenquerschnitt: H. Theuerkauf, Gotha